Matt Weinstein

LACHEN IST GESUND

– AUCH FÜR EIN UNTERNEHMEN

UEBERREUTER

Die Deutsche Bibliothek – CIP-Einheitsaufnahme

Weinstein, Matt:
Lachen ist gesund – auch für ein Unternehmen : Lach- statt
Krachmanagement ; mehr Motivation, Kreativität, Engagement /
Matt Weinstein . – Wien : Ueberreuter, 1996
Einheitssacht.: Managing to have fun <dt.>
ISBN 3-7064-0238-6

S 0243   2 3 4 / 98 97

Inhaltsverzeichnis

Was hinter Playfair steckt

Seit 20 Jahren ist die *Playfair*-Organisation eine Art Labor für die Entwicklung von Managementfähigkeiten, bei denen Spaß ein zentrales Anliegen ist. Die 20 *Playfair*-Trainer halten jedes Jahr für über 400 Kunden Vorträge und Seminare über experimentelle Teambildung, wobei die Kundenliste Unternehmen von *AT&T* bis *Zenith Data Systems* umfaßt. Was *Playfair* auf dem Gebiet der Teambildung so einzigartig macht, ist der Umstand, daß die von uns entwickelte Technik auf Lachen, Spaß und Spiel basiert und die Unternehmen auf diese Weise beim Aufbau erfolgreicher Teams unterstützt. Wir bringen unseren Kunden bei, daß ihnen der bewußte Einsatz von Spaß am Arbeitsplatz dabei helfen kann, die Arbeitsmoral zu verbessern, die Produktivität zu erhöhen, eine auf die Mitarbeiter konzentrierte Unternehmenskultur zu schaffen und damit letztlich eine höhere Rentabilität zu erzielen.

In diesem Buch werden Sie einige der von unseren Kunden entdeckten innovativen Wege, Spaß an den Arbeitsplatz zu bringen, finden. Sie werden auch über die einzigartige Unternehmenskultur der Firma *Playfair* selbst lesen, innerhalb derer Spiele und Feiern einen wichtigen Aspekt darstellen. Der Leitspruch unseres Unternehmens lautet: „Wenn Sie sich selbst allzu ernst nehmen, dann haben Sie die besten Chancen, ernsthaft krank zu werden!"

Wir von *Playfair* stellen unseren Kunden gegenüber von Anfang an klar, daß Spaß und Spiel in der Weise, wie wir unser

Geschäftsleben gestalten, eine wesentliche Rolle spielen. Meine Visitenkarte sieht beispielsweise folgendermaßen aus:

Matt Weinstein
Emperor (Kaiser)
2207 Oregon St. Berkeley, CA 94705 (510) 540-8768

Um ehrlich zu sein, ist der Titel, den ich innerhalb der Firma führe, nicht einmal mein Lieblingstitel. Fran Solomons *Playfair*-Titel, „Chef-Vizekaiserin", gefällt mir viel besser. Unsere Visitenkarten sollen aber nicht nur witzig sein, sondern gleichzeitig einen wichtigen Zweck bei der Einschätzung zukünftiger Kunden erfüllen. Wenn ich einem potentiellen Kunden meine Visitenkarte überreiche und er mich mit verdutztem Gesichtsausdruck ansieht, so weiß ich, daß die *Playfair*-Philosophie wahrscheinlich nicht sehr gut zu diesem Unternehmen paßt. In der Mehrzahl der Fälle läßt unsere Unternehmens-Adelshierarchie einen fröhlichen Umgangston anklingen, auf den unsere Kunden gut ansprechen. Wenn ich einen Geschäftsbrief an meinen „*Playfair*-Büromaterial-Kaiser" sende, erhalte ich oft eine Antwort, unterzeichnet mit „Personalkönigin", „Ihr gehorsamster Leibeigener" oder „Sonderbeauftragter des Finanzlords". In diesem Fall weiß ich genau, daß wir uns einer langwährenden, erfolgreichen Arbeitsbeziehung erfreuen werden.

Die Unternehmensphilosophie von *Playfair* stützt sich auf den Gedanken, daß Fröhlichkeit und Verspieltheit in Vergessenheit geratene Kommunikationsformen sind, die Erwachsene leicht wieder erlernen können. Sobald wir uns dieses Gefühl der überschäumenden Freude, das wir als Kinder kannten, wieder in Erinnerung rufen, können wir sogar der Arbeit Spaß abgewinnen. Dieser Gedanke wird von unserem Publikum meist so positiv aufgenommen, daß wir nach Beendigung unseres Programms fast immer Standing ovations bekommen. Wir haben diese Tatsache nach einer Weile in unsere Werbung aufgenommen und bieten seit zehn Jahren unsere Vorträge und Präsentationen mit einer noch nie dagewesenen Geld-zurück-Garantie an: Wenn wir bei Programmende keine Standing ovations erhalten, verzichten wir auf das Honorar für unsere Tätigkeit!

Mit der Idee der Geld-zurück-Garantie beabsichtigten wir, potentielle Kunden von der Qualität unserer Arbeit zu überzeugen. Da kein Kunde jemals das Geld von mir zurückhaben wollte, kann man mit Sicherheit behaupten, daß das Konzept „Spaß am Arbeitsplatz" vom Markt gut aufgenommen worden ist. Andererseits hat die Geld-zurück-Garantie im Laufe der Jahre vielen Kunden großes Vergnügen bereitet; sie gaben mir wegen der Möglichkeit, mein Honorar einzubehalten, schon manche harte Nuß zu knacken.

Anläßlich einer von mir gehaltenen Präsentation für den *Control Data Management Club* erklärte das Vorstandsmitglied, das mich der Gruppe vorstellte: „Wir haben mit dem Vortragenden dieses Abends vereinbart, daß wir ihm nichts bezahlen müssen, wenn Sie ihm nach Beendigung seines Vortrags keine Standing ovations geben. Nun, ich muß Sie wohl nicht daran erinnern, daß dieser Unternehmensbereich letztes Jahr einen Verlust von mehr als 10 Millionen Dollar geschrieben hat und wir mit jedem Groschen rechnen müssen! Sie können heute abend also etwas tun, um dem Unternehmen ein bißchen sparen zu helfen …"

Ein anderes Mal hielt ich einen Vortrag für die Mitarbeiter der Abteilung Inlandsverkauf von *AVIS*, kurz nachdem die Firma von den Angestellten übernommen worden war. Der für den Verkauf zuständige Abteilungsleiter stellte mich mit den Worten vor: „Sie sollen alle wissen, daß wir eine ungewöhnliche Vereinbarung mit unserem nächsten Vortragenden getroffen haben, nämlich, daß wir ihm, wenn er am Ende seines Vortrags keine

Standing ovations bekommt, kein Honorar zahlen müssen. Ich darf Sie daran erinnern, daß dieses Unternehmen uns allen gehört. Wenn Sie also am Ende seines Vortrags aufstehen, so zahlen Sie einen Teil seines Honorars direkt aus Ihrem Gehalt!"

Das einzige Mal, bei dem ich wirklich um mein Honorar bangte, war, als ich vor der *American Public Transit Association (APTA)* sprechen sollte. Thema meines Vortrages war: „Wie bringt man Spaß an den Arbeitsplatz? Was kann Humor im Geschäftsleben bewirken?" Etwa zehn Minuten, bevor ich zu sprechen beginnen sollte, zog mich Tom Urban, ein Vorstandsdirektor der *APTA,* zu einem Gespräch unter vier Augen beiseite.

„Wir hoffen, daß wir heute vormittag einen Gratisvortrag von Ihnen bekommen werden", schmunzelte er.

Klarerweise protestierte ich. „Sie sollten sich nicht allzu große Hoffnungen auf einen Gratisvortrag machen, Tom, dies würde nämlich bedeuten, daß mein Programm völlig danebengegangen ist. So etwas sollten Sie nicht einmal im Scherz sagen", warnte ich ihn. „Seien Sie vorsichtig mit Ihren Wünschen, denn manchmal gehen sie tatsächlich in Erfüllung!"

„Oh, heute vormittag müssen Sie nicht völlig versagen, damit wir uns Ihr Honorar ersparen", versicherte mir Tom. „Haben Sie schon einen Blick auf das Programmheft geworfen?"

„Nein", antwortete ich verwirrt.

Hinterhältig grinsend zog Tom mit einem Ruck ein Exemplar des Programmheftes aus seiner Aktentasche und wies auf die Stelle, an der das Programm des heutigen Vormittags angeführt war. Unmittelbar unterhalb der Beschreibung meines Vortrags hatte Tom eine dringende Warnung an die Zuhörerschaft gerichtet: *„Achtung: Infolge eines Kindheitstraumas wird Dr. Weinstein nervös und verfällt in Angstzustände, wenn Leute aus dem Publikum laut klatschen oder am Ende seines Vortrags abrupt aufstehen. Bitte lassen Sie sich nicht hinreißen, Matt zu erschrecken. Helfen Sie ihm, indem Sie sitzen bleiben und nach Abschluß seines Vortrags wohlwollend, aber zurückhaltend applaudieren."*

12

Ich war wie vor den Kopf gestoßen, wie Tom meinem ungläubigen Gesichtsausdruck entnehmen konnte. Gott sei Dank brach er unmittelbar darauf in Lachen aus und gab zu, daß dies eine Sonderausgabe des Programmheftes war, die er extra für mich drucken lassen hatte. Gott sei Dank enthielt das echte Programmheft keinerlei Warnungen bezüglich meines „Kindheitstraumas", und wir beide lachten herzhaft miteinander über die ganze Geschichte.

In meinem Berufsleben bin ich stolz darauf, mit Falstaff behaupten zu können: „Ich bin nicht bloß selbst witzig, sondern auch Ursache, daß andere Witz haben." In meiner Berufssparte kann ich mich nicht gut darüber beschweren, Zielscheibe der Witze meiner Kunden zu sein – sie versuchen zumindest, etwas Spaß zu haben! Miteinander zu lachen bietet zwei Leuten nicht nur die Möglichkeit zu einer emotionalen Bindung. Wie wir noch sehen werden, kann Lachen auch dazu beitragen, daß sich diese Leute körperlich wohler fühlen.

Die Heilkraft von Lachen und Spielen

Im Zuge unserer Arbeit bei *Playfair* haben wir herausgefunden, daß der bewußte Einsatz von Spaß am Arbeitsplatz Teambildung und Kundenservice forciert und wesentlich zur Hebung der Arbeitsmoral und Loyalität gegenüber dem Unternehmen beiträgt. Ebensowichtig sind die Auswirkungen von Spaß auf die Reaktion auf Streß und das Wohlbefinden am Arbeitsplatz.

Seit Jahrtausenden sagt man, daß Lachen Medizin ist, allerdings wurden erst in den letzten zehn Jahren ernstzunehmende medizinische und wissenschaftliche Forschungsarbeiten zum Nachweis der möglichen günstigen Auswirkungen von Lachen und Spiel auf die Gesundheit durchgeführt.

Denken Sie nur daran, wie sich Ihre gesamte Muskulatur entspannt, sobald Sie herzlich lachen. Haben Sie sich jemals im

Spiegel betrachtet, nachdem Sie sehr gelacht haben? Ihre Arme hängen kraftlos herunter, Ihre Augen glänzen und ein zufriedenes Lächeln liegt auf Ihrem Gesicht ... Das sind typische Anzeichen für einen Zustand, den wir „Entspannung" nennen. Sicherlich ist Ihnen in diesem Zusammenhang auch schon einmal der Ausspruch „Ich bin fast umgefallen vor Lachen" zu Ohren gekommen. Tatsächlich können sich die Muskeln dermaßen entspannen, daß man nur mit viel Mühe die Kraft aufbringt, seinen Körper aufrechtzuhalten. Lachen unter gleichzeitiger Anspannung des Köpers ist also unmöglich. Eines davon hat das Nachsehen.

Seit der Veröffentlichung von Norman Cousins bahnbrechendem Buch *Anatomy of an Illness as Perceived by the Patient* (Anatomie einer Krankheit aus der Sicht des Patienten) ist das allgemeine Interesse an der Heilkraft von Lachen und Spiel wieder erwacht. Cousins beschreibt in seinem Buch, wie anhaltendes Lachen ihm bei der Genesung von einer das Nervensystem schwächenden Krankheit half. Wenn uns Streß und negative Empfindungen krank machen können, so überlegt Cousins, warum sollten uns dann Lachen, Liebe und eine positive Einstellung nicht zur Heilung verhelfen können?

Cousins widmete viele Jahre der Erforschung des Lachens und der Verbindung zwischen Körper und Seele. Cousins (und mit ihm auch andere) glaubte, daß beim Lachen Endorphine, die natürlichen Schmerzmittel des Körpers, produziert werden. Die Ausschüttung von Endorphinen könnte der Grund für das Nachlassen der Schmerzen und die natürliche Hochstimmung, in der sich die meisten Leute nach einer längeren Lachphase befinden, sein. Obwohl Cousins' Behauptung, daß während des Lachens Endorphine ausgeschüttet werden, niemals schlüssig bewiesen worden ist, gibt es untrügliche Anzeichen dafür, daß sich herzliches Lachen auf die Zellentwicklung auswirkt. Dr. Lee Berk vom Loma Linda University Medical Center in Kalifornien hat nachgewiesen, daß Lachen und Spiel eine spontane Vermehrung der Lymphozyten bewirken. Dies bedeutet, daß die für das Immunsystem so wichtigen T-Zellen in Perioden anhaltenden Lachens in viel größerer Zahl als sonst produziert werden.

Wenn ich mit Ärzten oder Krankenschwestern arbeite, mache ich sie darauf aufmerksam, daß es vielleicht trotz ihrer eigenen Überzeugung von der Heilkraft von Lachen und Spiel nicht ganz einfach sein wird, diese Auffassung den Patienten nahezubringen. Ich sage ihnen dann, daß sie ihren Patienten sagen sollen: „Sie werden mehr spielen müssen, damit Sie schneller wieder gesund werden." Dann prophezeie ich ihnen, daß ihre Patienten sie wahrscheinlich ungläubig ansehen und kontern werden: „Spielen? Ich kann jetzt nicht spielen. Da müssen Sie schon warten, bis es mir besser geht!"

So geht es aber eben nicht. *Sie spielen nicht, wenn Sie sich besser fühlen. Sie fühlen sich besser, wenn Sie spielen!*

Wenn es in einem Unternehmen lustig zugeht

Meistens merkt man sehr bald, ob ein Unternehmen Spaß und Spiel einen hohen Stellenwert einräumt. Eine Viertelstunde vor Beginn des Vortrages, den ich für den Bereich Einzelhandel des Nahrungsmittelherstellers *Quaker Oats Convenience Foods* halten sollte, stieg ich auf das Podium, um die Unterlagen und Notizen für meine Präsentation zu ordnen. Als ich in das Pultfach griff, entdeckte ich ein Wegwerf-Windelhöschen, das quer über die Vorderseite mit dem *Quaker-Oats*-Firmenlogo versehen war. Ich hielt die Windel in die Höhe und fragte: „Ist die für mich?" Jim DeVries, der Personaldirektor dieses Unternehmensbereichs, eilte auf das Podium und erklärte lachend: „Die Windel ist gestern abend bei der *Quaker-Oats*-Oscar-Verleihung liegengeblieben. Auch ich gehöre zu den ‚besten Reproduzenten' und habe einen Preis bekommen." Diese Windeln waren an alle Führungskräfte, die im letzten Jahr Eltern geworden waren, als Preis verliehen worden.

Ich hielt meinen Vortrag über Teambildung für sämtliche Mitarbeiter dieses Bereiches von *Quaker Oats* im Rahmen einer zweitägigen Veranstaltung, die in einem Ferienzentrum in Galena, Illinois, abgehalten wurde. Zweck der gesamten Veranstaltung war es, die Mitarbeiter auszuzeichnen und ihnen Anerkennung dafür zu zollen, daß der Bereich die hochgesteckten Umsatzziele für das betreffende Jahr sogar noch übertroffen hatte. Ich ermutigte die Mitarbeiter in meinem Vortrag dazu, selbst kleinste Erfolge zu feiern, einander als Team gegenseitig zu unterstützen und Spaß und Spiel in guten wie in schlechten Zeiten in den Arbeitsalltag einfließen zu lassen.

Der nächste Vortragende war Marc Schwimmer, der Generaldirektor von *Aunt Jemima Products*. Er wurde auf eine riesige Videowand hinter ihm projiziert. Marc begann mit seinem Vortrag über „Das Prinzip der konsumentenorientierten Betriebsführung". Einige Minuten lang erklärte er seinem Publikum, warum der Einzelhandelsbereich ‚Fertignahrungsmittel' lernen sollte, noch besser auf die Bedürfnisse seiner Kunden einzugehen. Dann drehte er sich zur Videowand und ersuchte um das erste Dia.

„Aber, Marc, Sie haben uns keine Dias gegeben", ertönte es bestürzt aus den Reihen der Bild- und Tontechniker.

„Keine Dias?" Marc schaute überrascht. Plötzlich erhellte sich sein Gesicht merklich. „Oh, ich weiß, wo sie sind." Er blickte geradewegs ins Publikum und fragte: „Geben Sie mir eine Minute, ja?" Dann rannte er vom Podium hinunter, am Publikum vorbei, und verschwand durch die hintere Tür des Konferenzsaals.

Auf der Leinwand konnte das Publikum sehen, wie die Videokamera Marc folgte, nachdem sich die Türen hinter ihm geschlossen hatten. Man sah ihn wie einen Verrückten eine lange Treppe hinunter und über den Gang, vorbei am Hotel-Swimming-Pool und über den Golfplatz laufen. Er erreichte sein Hotelzimmer, rannte zum Schreibtisch hinüber und suchte sich durch

16

Berge von Papier hindurch – ohne Erfolg! „Oh, nein … Ich habe sie vergessen!" stöhnte er, und wieder ging es hinaus durch die Tür, zurück über den Golfplatz und hinein in den Wald.

Marc rannte hinaus aus dem Wald, an einer Kuhherde vorbei auf die Schnellstraße. Autos flitzten in beiden Richtungen an ihm vorbei. Er kam an einem grünen Wegweiser mit der Aufschrift „Chicago 75 Meilen" vorbei … Bald erschien ein weiterer Wegweiser mit „Chicago 27 Meilen" … Marc rannte von der Schnellstraße hinunter und im Zickzack durch die Fußgängerscharen, die das Zentrum Chicagos bevölkerten.

Zu guter Letzt befand sich Marc vor dem *Quaker-Tower*-Gebäude. An den Aufzügen vorbei sprintete er die Stiegen hinauf zu seinem Büro im 18. Stock. Dort durchsuchte er riesige Papierstöße, bis er schließlich die Dias fand und sie triumphierend in die Höhe hielt. Er griff in die Schreibtischlade, zog eine Flasche *Aunt-Jemima*-Ahornsirup heraus, goß sich einen Becher voll ein und stürzte den Inhalt hinunter. Dann rannte er hinaus aus seinem Büro in den gerade bereitstehenden Aufzug …

(Im Konferenzsaal lachte, schrie und applaudierte das Publikum inzwischen angesichts der Mißgeschicke Marcs, die über die Videowand zu sehen waren. Als er den Schluck Ahornsirup hinunterstürzte, brach der ganze Saal in begeisterten Beifall aus, auf den wahre Lachstürme folgten.)

Die Dia-Box über den Kopf haltend, sprintete Marc aus dem Aufzug hinaus und durch den Vordereingang des Gebäudes zurück in den Verkehrsstrom, den Fußgängern nach links und rechts ausweichend.

Das Publikum sah ihn vom Gehsteig hinunter auf die Straße laufen, von der Straße weg auf die Schnellstraße und mit Blitzgeschwindigkeit vorbei an den Wegweisern „Galena 73 Meilen" … „Galena 22 Meilen" … vorbei am Schild „Hier betreten Sie das Ortsgebiet von Galena". Nachdem er durch ein Maisfeld gerannt war, tauchte er kurz auf, um gleich im nächsten Maisfeld zu verschwinden. Schließlich sauste er über den

Golfplatz, vorbei am Klubhaus und hinein in das Konferenz-
gebäude.

Marc rannte am Hallenschwimmbecken vorbei, wich dem
Schild „Rutschgefahr bei Nässe" aus, verlor das Gleichgewicht
und fiel in den Pool. Er hielt die Dias über dem Kopf, um sie vor
der Nässe zu schützen, kämpfte sich durch das Wasser weiter,
stieg aus dem Becken heraus und stolperte in Richtung Tür. Er
passierte einen langen Korridor und einige Treppen und stand
letztendlich an der Tür zum Konferenzsaal.

Marc wurde vom Publikum mit donnerndem Applaus und
Standing ovations empfangen, als er schließlich durch die hintere
Tür des Konferenzsaals taumelte und die Dias triumphierend
hochhielt. (Dadurch, daß er in den Pool gefallen war, waren seine
Haare naß und klebten am Kopf, aber seine Kleidung war er-
staunlicherweise staubtrocken.) Er kehrte auf das Podium zurück
und verkündete der begeisterten Menge: „Sie werden das Ende
dieses Vortrags wahrscheinlich noch weniger gern hören, als ich
diesen Vortrag zu Ende halten möchte. Gehen wir also statt dessen alle hinaus ins Freie zur *Quaker-Oats*-Olympiade!"

Bei Verlassen des Konferenzsaals erhielt jeder der vergnüg-
ten Teilnehmer eines der in zehn verschiedenen Farben auf-
liegenden *Quaker-Oats*-T-Shirts, wodurch zehn Teams gebildet
wurden. Die Teams traten in „olympischen" Disziplinen an, die
auf den verschiedenen *Quaker-Oats*-Produktlinien aufgebaut waren,
so zum Beispiel im „*Aunt-Jemima*-Ahornsirup-Langstrecken-
Sprudelwettbewerb", beim „*Aunt-Jemima*-Pfannkuchen-Wurf-
marathon" und beim „Hotdog-Fischen" in einem riesigen Kessel
mit Bohnen-und-Würstchen-Eintopf.

Die Teilnahme an der *Quaker-Oats*-Olympiade ermöglichte
es den Mitarbeitern, miteinander zu spielen, sich miteinander zu
entspannen und miteinander in einem ganz anderen Rahmen als
sonst umzugehen. Die Olympiade bot ihnen die Gelegenheit,
ihren Erfolg im Laufe einer von Spaß und guter Laune geprägten
Feier zu genießen. Die Schaffung einer Unternehmenskultur, die

Spaß am Arbeitsplatz fördert, kann sich sehr rasch günstig auf die Einstellung Ihrer Kunden zu Ihrem Unternehmen auswirken, denn mit Leuten, die gern Geschäfte machen, machen auch andere gern Geschäfte.

Der interne Kundendienst

Dahinter verbirgt sich kein großes Geheimnis. Wenn Ihre Mitarbeiter ihren Job gerne machen, wenn sie voll und ganz hinter ihrer Arbeit stehen, so ist das auch für Außenstehende rasch erkennbar. Die Leute werden mit Ihrem Unternehmen Geschäfte machen wollen. Umgekehrt läßt sich ebenso rasch erkennen, wenn Ihre Mitarbeiter ihre Arbeit ungern tun oder denjenigen, für den sie arbeiten, nicht leiden können.

Geht man davon aus, daß oft drei oder vier Lieferanten die gleiche Leistung erbringen und das gleiche Produkt im gleichen Zeitraum und zum gleichen Preis liefern können, so liegt die Wahl, wem man das Geschäft zukommen läßt, bei einem selbst. Man wird sich bei der Auftragsverteilung und beim Kauf sicherlich vom Verstand leiten lassen, gewiß aber auch „aus dem Bauch heraus" entscheiden. Und dabei tauchen zwangsläufig Fragen auf wie: „Bist du mir sympathisch? Traue ich den Leuten, die bei dir arbeiten? Welches Gefühl habe ich bei der Vorstellung, mit deinem Unternehmen zusammenzuarbeiten?"

Haben Unternehmen, deren Mitarbeiter Spaß haben, gern zur Arbeit kommen und Telefonanrufe in einer Weise entgegennehmen, die zum Ausdruck bringt, daß sie gern dort sind, einen Wettbewerbsvorteil? Natürlich – einen gewaltigen Vorteil sogar! Diese Unternehmen vermitteln ihren Kunden ein gutes Gefühl beim Umgang mit ihnen. Ein solch begeisterungsfähiges Arbeitsumfeld kann am einfachsten durch den bewußten Einsatz von Spaß und Spiel geschaffen werden.

Wenn Sie wollen, daß Ihre Firma ausgezeichneten Kundendienst leistet, müssen Sie zuallererst Ihren internen Kunden, nämlich Ihren eigenen Mitarbeitern, Aufmerksamkeit und Wertschätzung entgegenbringen. Sie können von Ihren Mitarbeitern nicht verlangen, daß sie ihren Dienst mit einem Lächeln auf den Lippen versehen, wenn Sie Ihnen keinen Anlaß zum Lächeln geben! Durch den bewußten Einsatz von Spaß und Spiel als Managementinstrument läßt sich ein Arbeitsumfeld schaffen, das einem erstklassigen Kundenservice förderlich ist. Im Rahmen einer Unternehmenskultur, in der die Mitarbeiter belohnt und anerkannt werden und in der ihnen die Gelegenheit geboten wird, ihre Erfolge zu feiern, spüren auch externe Kunden sehr bald, daß jeder stolz auf den Betrieb ist, in dem er arbeitet.

Für Ihr Unternehmen ergeben sich aus dem Konzept „Lachen ist gesund – auch für ein Unternehmen" sowohl kurzfristige als auch langfristige Folgerungen. Wenn Sie ein wenig Spaß und Spiel in Ihren Managementstil einbauen, können Sie damit einen Betrieb schaffen, an den sich Ihre Mitarbeiter langfristig binden wollen und in dem sich Mitarbeiterfluktuation und Burnout-Fälle auf ein Minimum beschränken werden. Der bewußte Einsatz von Spaß und Spiel am Arbeitsplatz kann enorme Auswirkungen auf die Teambildung, den Umgang mit Streß, den Kundenservice und die Arbeitsmoral zeitigen.

Bei *Playfair* sind wir stolz auf die Tatsache, daß es bei uns mehr Mitarbeiter mit zehn und mehr Jahren Firmenzugehörigkeit gibt als solche, die fünf Jahre oder weniger bei uns arbeiten. Nicht, daß wir keine neuen Leute aufnehmen würden (unser Mitarbeiterstand hat sich seit der Gründung von *Playfair* Jahr für Jahr erhöht), aber es kommt eher selten vor, daß altgediente Mitarbeiter aus dem Unternehmen ausscheiden. Wir führen unsere bemerkenswert niedrige Fluktuationsrate darauf zurück, daß wir unternehmensintern bewußt auf Spaß, Spiel und Feiern setzen. Bei *Playfair* haben wir festgestellt, daß ein

Unternehmen, in dem gespielt wird, auch ein Unternehmen ist, das funktioniert!

Die philosophischen Wurzeln von Spaß am Arbeitsplatz

Die Überlegung, daß Lachen, Spiel und Spaß ein wesentlicher Bestandteil des Lebens sind, ist natürlich nicht neu. Quer durch die Geschichtsbücher hindurch finden sich viele große philosophische und geistige Traditionen, welche den Stellenwert erkannt haben, der Spaß und Humor im Rahmen eines ausgewogenen Lebensstils beizumessen ist.

Als Plato die Frage aufwarf: „Was ist nun die richtige Art zu leben?", lautete seine Antwort: „Das Leben sollte als Spiel gelebt werden!"

In der Bibel findet sich ein Spruch Salomons, der besagt, daß „ein fröhliches Herz das Gesicht heiter macht, Kummer im Herzen jedoch das Gemüt bedrückt".

In der jüdischen Überlieferung heißt es im Talmud, daß wir für „all die erlaubten Freuden", die wir im Laufe unseres Lebens zu genießen versäumt haben, zur Rechenschaft gezogen werden. Ist die Auffassung, daß Leben nicht nur Schmerzen und Leiden bedeutet, sondern daß ein wesentlicher Teil unserer geistigen Entwicklung darin besteht, uns so oft wie möglich zu erfreuen, nicht wunderbar?

Der buddhistische Kanon beinhaltet einen Gesang mit dem Titel „Anrufung der Namen der Bodhisattvas", der mir immer sehr nahegegangen ist. Er lautet ausschnittweise: „Wir geloben, jemandem am Morgen eine Freude zu bereiten und am Nachmittag jemandes Leiden zu lindern. Wir wissen, daß uns das Glück anderer selbst zum Glück verhilft, und wir geloben, auf dem irdischen Pfad Freude zu verbreiten."

Stellen Sie sich vor, jemand in Ihrem Unternehmen nähme sich als persönliches Leitbild vor, „auf dem irdischen Pfad Freude zu verbreiten". Würde es sich jeder einzelne in Ihrem Betrieb zur täglichen Aufgabe machen, einen seiner Kollegen am Morgen zum Lächeln zu bringen und sich nachmittags offenen Herzens die Sorgen der Kunden anzuhören, so hätten Sie lediglich durch diese einfachen Anregungen den Grundstein für ein paar wirklich bedeutsame Teambildungs- und Kundendienst-Programme gelegt. Wenn Sie in Ihrem Unternehmen eine Atmosphäre des Vertrauens und der gegenseitigen Unterstützung schaffen können, in der man ehrlichen Herzens behaupten kann, daß „einem das Glück anderer selbst zum Glück verhilft", dann ist es Ihnen auch gelungen, einen Teamgeist aufzubauen, in dem persönlichen Eifersüchteleien und Ränkeschmieden weitaus geringere Bedeutung beigemessen wird.

Gibt es ein Büro, das gegen Ränkeschmieden und persönliche Eifersüchteleien wirklich zur Gänze gefeit ist? Wahrscheinlich nicht. Dennoch bleibt es den Mitarbeitern eines Unternehmens unbelassen, gemeinsam dieses Ziel anzustreben. In der *Playfair*-Organisation haben wir uns dem Ideal verschrieben, „Freude zu verbreiten auf dem irdischen Pfad". Wir wissen, daß Spannungsmomente und Verstimmungen unvermeidlich sind. Wir wissen, daß wir einander manchmal Kummer und vielleicht auch Leid zufügen werden. Aber das hält uns nicht davon ab, zumindest zu versuchen, eine bessere Form des Umgangs miteinander zu finden.

Ist Spaß erst einmal fixer Bestandteil Ihrer Arbeit geworden, so werden sie erkennen, daß dadurch nicht nur Ihre eigene Zufriedenheit am Arbeitsplatz zunimmt, sondern auch die aller anderen um Sie herum. Echte Zufriedenheit im Job setzt voraus, daß man weiß, was die eigene Arbeit im Leben anderer bewirkt: im Leben der Leute, mit denen man Tag für Tag zusammenarbeitet, wie im Leben der Kunden, die mit den eigenen Produkten und Leistungen zu tun haben. Wer bei der Arbeit Spaß versteht, wird nicht nur mit anderen leichter zurechtkommen, da er „Freude auf dem irdischen Pfad verbreitet". Spaß am Arbeitsplatz verhilft vielleicht auch dazu, einen tieferen Sinn im eigenen Arbeitsalltag zu finden.

Mein Wunsch wäre es, wenn die Kernfragen, die man im nächsten Jahrhundert in der Wirtschaft stellen wird, nicht nur um Produktivität, Qualität oder Reengineering kreisen, sondern wenn eine der Fragen lauten würde: „Haben Sie Spaß?" Schließlich können Lachen, Spiel und Spaß am Arbeitsplatz dazu beitragen, eine Kultur der Fürsorglichkeit und Verbundenheit zu schaffen, und das ist genauso wichtig wie Produktivität und Rentabilität – wenn nicht sogar wichtiger.

„Haben Sie Spaß?" ist eine bedeutungsvolle Frage, denn hier wird der höchste Stellenwert innerhalb einer Organisation dem *Menschen* zugemessen. Es ist eine bahnbrechende Frage, die im Wirtschaftsleben in Zukunft zu stellen sein wird. Erst wenn wir darangehen, uns selbst und einander diese Frage zu stellen, können wir unser Arbeitsleben wirklich umgestalten.

Die vier Grundsätze
von Spaß am Arbeitsplatz

Warum ein Unternehmen, in dem gespielt wird, funktioniert

Arbeit hat üblicherweise nichts mit Spaß zu tun. Deshalb verwenden wir ja auch den Begriff *Arbeit*.

Arbeit und Spiel werden als Gegensätze aufgefaßt, wie Liebe und Krieg.

„Make love, not war." („Liebe statt Krieg!")

„Hör auf, herumzuspielen, und geh wieder an die Arbeit!"

Oder:

„Die Liebe ist süß, der Krieg die Hölle, das Spiel ist Genuß und die Arbeit … Verdruß."

Eine alte Weisheit besagt, daß jemand, der bei der Arbeit Spaß hat, wahrscheinlich ein Müßiggänger ist.

Hier irren die traditionellen Überlieferungen gewaltig.

Wer am Arbeitsplatz Humor an den Tag legt, bringt vielleicht seine Freude darüber zum Ausdruck, daß er einen Job hat, der ihn befriedigt. Oder er hat vielleicht einen für ihn angenehmen Weg gefunden, mit dem Streß und Druck, der im Zuge einer schwierigen Aufgabe anfällt, umzugehen. Oder er macht gerade eine kurze „Lachpause" von einer schwierigen Aufgabe, der er sich anschließend wieder gestärkt und mit vollem Einsatz widmen kann.

Wenn jedoch eine Lachpause und die Verschwendung von Firmenarbeitszeit auf den ersten Blick den gleichen Eindruck erwecken, wie kann man dann feststellen, ob es sich um das eine oder das andere handelt? Wie wollen Sie wissen, ob hier jemand gerade Streß abbaut oder ob er einfach nur Zeit schinden will?

Das ist ganz Ansichtssache. Wenn Sie sehen, daß Ihre Angestellten oder Mitarbeiter Spaß haben, so bietet sich Ihnen die Möglichkeit, eine anregende Atmosphäre mit gegenseitiger Unterstützung und gemeinsamem Feiern am Arbeitsplatz zu fördern. Wer sich erst einmal darüber klar geworden ist, daß die Unterscheidung zwischen Streßabbau und „Faulenzerei" einer rein subjektiven Einschätzung unterliegt, kann Spaß am Arbeitsplatz von einer etwas differenzierten Warte aus betrachten. Anstatt die vergnüglichen Momente im Berufsalltag zu unterdrücken, sollten Sie sie fördern und kultivieren, denn sie können sich äußerst vorteilhaft auf die Arbeitsmoral und Produktivität Ihres Betriebes auswirken.

Ich wundere mich immer, wenn Leute stolz behaupten: „Arbeit und Vergnügen halte ich streng auseinander!" Am liebsten würde ich sie dann immer fragen, was denn mit ihnen los sei. Wenn Sie in Ihrem Unternehmen ein erfolgreiches Team aufbauen wollen, so sollte Ihre Managementphilosophie das genaue *Gegenteil* davon sein. Sie sollten Arbeit und Vergnügen *nie* trennen, und Sie sollten ständig nach neuen Wegen suchen, um Freude in Ihr eigenes Arbeitsleben und in das Ihrer Mitarbeiter und Kunden zu bringen!

Die meisten Firmen verstehen unter Teambildung die Schaffung einer energiegeladenen, reibungslos funktionierenden Organisation mit viel Muskelmasse, aber wenig Herz. Genau dieses Fehlen der menschlichen Seite im Wirtschaftsleben untergräbt die Arbeitsmoral, trägt zur Arbeitsunzufriedenheit bei und führt zum Burnout. Erweitert man ein Teambildungsprogramm um die Komponenten Spaß und Feiern, so unternimmt man einen bedeutenden Schritt in Richtung einer menschenwürdigen

Gestaltung des Arbeitsplatzes, und damit können Herz und Seele Einzug in Ihr Unternehmen halten.

Die vier Grundsätze in der Theorie

Wie schafft man eine Unternehmenskultur, in der Feiern, Wertschätzung und die menschliche Seite des Geschäftslebens hochgehalten werden? Hier läßt sich nicht unterscheiden zwischen einem richtigen und falschen Weg – jedes Unternehmen ist anders. Es gibt Tausende von Möglichkeiten, die Umgestaltung des eigenen Arbeitsplatzes anzugehen. Folgende vier Grundsätze sind als Einstiegshilfe für jene gedacht, die Spaß und Spiel zu einem Bestandteil ihres Berufslebens machen wollen.

1. Grundsatz: Denken Sie an den konkret betroffenen Personenkreis

Spaß am Arbeitsplatz kann nicht aus dem Nichts kommen – er entsteht auf der Basis dessen, was am Arbeitsplatz bereits vorhanden ist. Nicht jeder möchte Anerkennung und Lob auf die gleiche Art und Weise erfahren. Sie müssen sich folgende Fragen stellen: Wer sind Ihre Mitarbeiter? Was bereitet ihnen Spaß? Wie können Sie die Art von Humor, die Ihre Mitarbeiter außerhalb des Arbeitsplatzes pflegen, mit der Art, wie Sie sie am Arbeitsplatz belohnen, in Einklang bringen? Je besser Sie die einzelnen Leute im Unternehmen kennenlernen, um so besser und effektvoller können Sie Spaß und Spiel als Mittel zur Belohnung und Anerkennung sowie als Ansporn einsetzen.

2. Grundsatz: Gehen Sie mit gutem Beispiel voran

Die Mitarbeiter eines Unternehmens orientieren sich in ihrem Verhalten meist am Management. Geben sich die Manager nicht etwas lockerer, so werden auch die Angestellten nicht lockerer werden. Ein bekannter Grundsatz aus dem Wirtschaftsleben lautet: Die drei besten Wege, Führungsaufgaben zu meistern, bestehen darin, mit gutem Beispiel voranzugehen, mit gutem Beispiel voranzugehen und mit gutem Beispiel voranzugehen. Spaß wird es in Ihrer Organisation nur dann geben, wenn Sie durch Ihr eigenes Verhalten beispielgebend wirken. Jeder hat seinen ganz persönlichen Führungsstil. Nehmen Sie sich etwas Zeit und finden Sie heraus, wie Sie zu der Idee von Spaß am Arbeitsplatz stehen, und erfüllen Sie Ihre Führungsaufgabe dann auf der Basis Ihrer Erkenntnisse.

3. Grundsatz: Wenn Sie selbst nicht voll und ganz zu den geplanten Veränderungen stehen, sollten Sie sie lieber gleich bleibenlassen.

Machen Sie sich nichts vor! Derartige Veränderungen finden nicht nur zum Wohl Ihrer Mitarbeiter statt oder um Teamgeist aufzubauen, sondern sind auch für Sie selbst von Vorteil. Wenn Sie auf sachlicher Ebene nachgeben, gewinnen Sie auf der emotionalen Ebene. Wenn Sie sich die Zeit nehmen, die Erfolge Ihrer Angestellten zu feiern, so werden Sie durch ein Gefühl der Zusammengehörigkeit mit den Mitgliedern Ihres Teams belohnt werden. Wir alle kennen erfolgreiche Manager, die ein florierendes Unternehmen aufgebaut haben, aber jeden Morgen mit einem Gefühl der Isolation, mit dem Gefühl, daß es an der Spitze einsam wird, aufwachen. Spaß in die Arbeit einfließen zu lassen, ist keine Einbahnstraße: Vielmehr profitieren auch Sie davon. Das so entstehende Gefühl der Verbundenheit mit Ihren Mitarbeitern ist für Ihr emotionales Wohlbefinden auf lange Sicht enorm wichtig.

4. Grundsatz: Veränderungen brauchen Zeit

Haben Sie Geduld! Damit Veränderungen auch wirklich greifen, bedarf es der Planung. Und die Vertiefung in ein Thema erfordert

Zeit. Eine auf Seriosität und „Professionalismus" ausgerichtete Unternehmenskultur ändert sich nicht über Nacht in eine Unternehmenskultur, in der Spaß und Spiel gefördert werden. Veränderungen sind mit den durch einen Dimmer-Schalter erzielten Lichteffekten zu vergleichen: Die Dunkelheit weicht nach und nach in fast unmerklichen Schritten dem Licht. Ebenso verwandelt sich eine Unternehmenskultur, die für Lachen und Spiel nichts übrig hatte, langsam in eine Organisation, in der Spaß und Spiel an der Tagesordnung stehen. Beginnen Sie also vielleicht mit der Planung einiger kleiner Ereignisse, die die unmißverständliche Botschaft zum Ausdruck bringen, daß die Firma gerade lernt, sich selbst zu feiern und ihren Mitarbeitern offen Anerkennung zu zollen.

Die vier Grundsätze in der Praxis

Diese vier Grundsätze dienten mir als Werkzeug für meine Arbeit mit Führungskräften, die Spaß und Spiel zur Teambildung einsetzen wollten. Aus den folgenden Fallstudien können Sie ersehen, wie diese Grundsätze in den verschiedensten Wirtschaftssparten in die Praxis umgesetzt werden können. Sobald Sie verstehen, wie sie im Arbeitsalltag funktionieren, werden Sie in der Lage sein, sich ein Bild von der für Ihr Unternehmen am besten geeigneten Vorgangsweise zu machen.

1. Grundsatz: Denken Sie an den konkret betroffenen Personenkreis

Sarah Fizer, eine Sekretärin aus Philadelphia, erzählte mir: „Über sieben Jahre lang mache ich nun schon denselben Job, und mit wenigen Unterbrechungen habe ich ihn fast immer *gehaßt*. Ich arbeite als Sekretärin für drei verschiedene Kundenbetreuer, aber durch meinen neuen Chef hat sich die Lage wirklich geändert.

Zuerst einmal kommt er grundsätzlich fast jeden Tag zu mir an meinen Arbeitsplatz, gleichgültig, ob er Arbeit für mich hat oder nicht, einfach, um Kontakt zur Basis zu halten und zu sehen, wie es bei mir läuft.“

Eines Tages erschien Sarahs neuer Chef um neun Uhr vormittag an ihrem Arbeitsplatz und knallte einen 35 Seiten langen Bericht auf ihren Schreibtisch. „Den brauche ich um 10.30 Uhr korrigiert in meinem Büro“, erklärte er ihr.

Sarah machte sich unverzüglich an die Arbeit. Auf Seite 10 fand sie eine kleine, gelbe Haftnotiz vor, auf der zu lesen war: „Wenn Sie es schaffen, daß ich diesen Bericht innerhalb einer Stunde zurückbekomme, lade ich Sie am Donnerstag zum Mittagessen ein!“ Als sie zur Seite 17 kam, fand sie einen an den oberen Rand der Seite geklebten Mini-Schokoriegel mit der Bemerkung „Die Hälfte haben Sie fast schon geschafft – essen Sie das jetzt!“

„Solche Sachen macht er immer, und ich muß jedesmal lauthals lachen, wenn ich auf einen seiner verrückten Notizzettel stoße“, erzählt mir Sarah. „Aber, wissen Sie, was an diesem ersten Mal so besonders war? Ich wußte, daß er, während er seinen Bericht schrieb, an mich dachte, daran, daß ich den Bericht für ihn tippen mußte. Daß er sich wirklich Gedanken darüber machte, wie ich mich durch diesen langen Bericht kämpfen würde und wie er mich dabei etwas aufheitern könnte – das war wirklich etwas ganz Neues im Vergleich dazu, was sich hier bisher abgespielt hat.“

Jeder im Büro wußte, daß Sarah gern tanzte. Sie brachte ihre Tanzschuhe jeden Tag mit zur Arbeit. „Ich konnte es kaum erwarten, bis der Arbeitstag vorüber war und ich endlich tanzen gehen konnte“, erinnerte sie sich. Eines Tages rief er sie über die Hausanlage an und bat sie, in sein Büro zu kommen. Sarah ging hinein. Er saß hinter seinem Schreibtisch und studierte irgendwelche Papiere. „Kommen Sie herein“, sagte er zu ihr, ohne den Blick von seinen Schriftstücken zu wenden, „und bitte schließen Sie die Tür hinter sich!“

Als Sarah sich umdrehte, um die Tür zu schließen, sprang ihr neuer Chef aus seinem Stuhl auf und drückte einen Knopf auf dem Tonbandgerät, das auf seinem Schreibtisch stand. Laute Tanzmusik erfüllte den Raum. „Er kam hinter seinem Schreibtisch hervor, nahm mich an der Hand und begann, mit mir in seinem Büro herumzutanzen", erinnerte sich Sarah verwundert. „Er tanzte nicht sehr gut, aber wir tanzten trotzdem eine Minute lang ausgelassen herum. Beide lachten wir und genossen es wirklich sehr. Dann sah er mich mit einem breiten Lächeln an und ging an seinen Schreibtisch zurück. Er stellte die Musik ab und sagte zu mir: ,Das war alles, danke!'"

Sarah lächelte, als sie die Geschichte erzählte. „Ich ging wie betäubt hinaus! Aber seither ruft er mich fast jede Woche in sein Büro, wir tanzen eine Minute lang, und dann wirft er mich hinaus. Niemand außer ihm und mir weiß davon. Aber die Einstellung, mit der ich jetzt zur Arbeit komme, hat sich völlig geändert!"

Lachen und Spiel bei der Arbeit verfolgen keinen Selbstzweck. Vielmehr öffnen sie gewissermaßen die Tür zu einem menschlicheren Umgang mit unseren Arbeitskollegen. Wenn zwei Leute über die gleiche Sache lachen, wenn sie beide etwas lustig finden, so kommunizieren sie wortlos miteinander und teilen einander mit: „Wir halten dieselben Werte hoch. Mich bewegen die gleichen Dinge wie dich. Du und ich, wir sind uns in einer Weise ähnlich." Genau das bezwecken Lachen, Spiel und Spaß am Arbeitsplatz, nämlich eine Brücke zwischen der isolierten Arbeitswelt und unseren sonstigen Alltagswelten zu schlagen.

Mit Lachen und Spiel kann man auf wirkungsvolle Art und Weise auf andere zugehen und mit ihnen in Beziehung treten, da es sich hier um eine Verständigungsform handelt, die uns allen gemeinsam ist und die wir in frühester Kindheit lernen. Mit Hilfe dieser Ausdrucksweise lassen sich die im Arbeitsumfeld gebildeten künstlichen Hierarchien durchbrechen, da sie einfach und eloquent die grundsätzliche Gleichheit zweier Personen als Menschen anspricht, ohne dabei auf deren hierarchische Stellung am Arbeitsplatz Rücksicht zu nehmen.

Ich habe die Geschichte von der tanzenden Sekretärin in einen Vortrag, den ich anläßlich einer Fachverbandstagung vor ein paar hundert Führungskräften aus der Industrie hielt, eingebaut. Kurz vor Ende meines Vortrags lud ich das Publikum ein, Fragen zu stellen. Ein gutgekleideter Mann um Mitte Vierzig sprang auf und begann, noch bevor man ihm das Mikrophon hinhalten konnte, lauthals in meine Richtung zu wettern. „Wissen Sie, in Ihrem Vortrag klingt das alles ja großartig, aber in der realen Welt ist es doch nicht mehr als ein Haufen Mist", meinte er mit Nachdruck. „Das funktioniert niemals – zumindest nicht mit meinen Leuten."

Ich setzte alles daran, um angesichts seines Verbalangriffs nicht sofort eine Verteidigungshaltung einzunehmen. „Was ist gerade an Ihrem Arbeitsplatz so besonders, daß Sie glauben, es wird nicht funktionieren?" fragte ich ihn behutsam.

„Sie sagen: ‚Leute machen gern Geschäfte mit Leuten, die gern Geschäfte machen.' Also, ich mache gern Geschäfte – vielmehr, ich lebe dafür. Aber mit Spaß hat das in unserer Firma nichts zu tun. Der Grund dafür, daß wir noch im Geschäft sind, liegt darin, daß ich die Leute bis ans Limit fordere. Wenn ich damit anfange, über Spaß und Spiel nachzudenken, bringen wir nie etwas fertig!"

Wie ich später erfahren sollte, hieß dieser Manager Marshall Hall und war Vorstandsvorsitzender eines Unternehmens, das Polstermöbel entwarf und erzeugte. Während Marshall gesprochen hatte, hatte er seine Aufmerksamkeit nach und nach von mir auf das übrige Publikum gerichtet. Nun wandte er mir geradewegs den Rücken zu, um das Publikum unmittelbarer anzusprechen.

„Solche Sachen, von denen er da redet, kann ich einfach nicht machen", sagte er, sichtlich erregt, zu der Gruppe. „Wenn ich mit meiner Sekretärin zu tanzen beginnen würde", setzte er mit offenkundigem Mißfallen fort, „würden meine Angestellten glauben, ich hätte den Verstand verloren!“ Es war klar zu erkennen, daß Marshall Hall wußte, wie man mit einer großen Menschenmenge umging, und daß viele Leute im Publikum einer Meinung mit ihm waren. Als er sich wieder umdrehte, um meine Antwort zu hören, setzte donnernder und langanhaltender Applaus aus dem Publikum ein.

Ich erklärte Marshall, daß Sarahs Chef meiner Meinung nach mit Hilfe einer spielerischen Geste die Barriere zwischen Firmenleitung und Belegschaft überwunden hätte. Mit dieser menschlichen Geste hätte er seiner Sekretärin eine wichtige Botschaft übermittelt: „Wir werden mehr Zeit miteinander verbringen als mit unseren Familienangehörigen. Wenn wir in der Arbeit keine lebendige, menschliche Beziehung zueinander zustande bringen, dann verschwenden wir einen guten Teil unseres Lebens im Wachzustand!“

Marshall Hall hatte jedoch recht, wenn er mit seiner eigenen Sekretärin nicht tanzen wollte. Ein solches Szenario war nur möglich, wenn man auf ein bereits bestehendes, gegenseitiges Vertrauensverhältnis aufbauen konnte. Mit seiner Sekretärin zu tanzen, war für ihn wahrscheinlich kein geeignetes Mittel – was ich ihm auch sagte.

„Das können Sie mir glauben, daß das für mich nicht geeignet ist“, grinste Marshall selbstgefällig und wandte sich wieder an seine Freunde im Publikum. „Wenn ich versuchen würde, mit meiner Sekretärin zu tanzen, bekäme ich wahrscheinlich eine Anzeige wegen sexueller Belästigung!“ Diese Bemerkung brachte ihm die nächste Runde begeisterten Applauses ein.

„Aber Sie müssen verstehen, daß diese Dinge nicht im luftleeren Raum passieren“, erklärte ich ihm. „Die Tatsache, daß diese Sekretärin gern tanzte, war im Unternehmen allgemein bekannt. Sarah und ihr Chef hatten bereits gegenseitiges Vertrauen aufgebaut, so daß sein Versuch keineswegs als sexuelle Belästigung mißverstanden werden konnte. Er bemühte sich ganz offensichtlich, in einer Sprache, die sie verstand, auf sie einzugehen und damit zum Ausdruck zu bringen: ‚Gehen wir doch wie Menschen miteinander um. Machen wir gemeinsam etwas, von dem ich weiß, daß du es gern tust.'

Ich will Ihnen nicht vorschlagen, mit Ihrer Sekretärin im Büro herumzutanzen, wenn dies für Sie ungeeignet ist. Das ist nicht der springende Punkt an der Geschichte. Worauf es ankommt, ist, daß Sie sich, wenn Sie mit Ihrer eigenen Sekretärin einen ehrlichen persönlichen Kontakt knüpfen wollen, überlegen müssen, womit sie sich in ihrer Freizeit gern beschäftigt. Was macht ihr Spaß? Wie können Sie eine Brücke von der Arbeitswelt zum übrigen Leben bauen?"

Ich stellte fest, daß Marshall über meine Frage ernsthaft nachdachte. Er sah mich ein paar Sekunden lang an, bewegte dann den Kopf von einer Seite zur anderen. „Dazu fällt mir nichts ein", meinte er sanft.

Dies ist der oberste Grundsatz des Konzeptes „Lachen ist gesund – auch für ein Unternehmen": Denken Sie über den konkret betroffenen Personenkreis nach. Es reicht nicht, eines Morgens mit einer neuen Trickkiste im Büro zu erscheinen und deren Inhalt über Ihren Leuten auszuleeren. Unter Spaß versteht jeder etwas anderes. Die Grenzen dafür, was unter angemessener Verhaltensweise verstanden wird, sind individuell verschieden. Sie müssen sich auf die konkret betroffenen Personen einstellen.

Wenn Sie über die Ihnen unterstellten Personen oder jene, die in Ihrem Umfeld arbeiten, nachdenken und soviel wie möglich über sie in Erfahrung bringen können, vor allem darüber, was ihnen Freude bereitet, so wird es Ihnen leichter fallen, Ihren Mitarbeitern dazu zu verhelfen, Spaß und Freude zu erleben. In diesem Buch finden Sie Hunderte Beispiele von mit Spaß verbundenen Aktivitäten, die Sie auf Ihren speziellen Fall abstimmen können. Damit Sie jedoch Ansätze finden, die auch wirklich greifen, müssen Sie zuerst über die konkret betroffenen Personen nachdenken.

2. Grundsatz: Gehen Sie mit gutem Beispiel voran

Marshall Hall zog mich nach meinem Vortrag über die tanzende Sekretärin beiseite, und wir führten ein langes Gespräch unter vier Augen, dem im Laufe der nächsten Monate noch viele Unterredungen folgen sollten. Marshall verstand sehr gut, daß es in seinen Händen lag, Änderungen in seinem Betrieb durchzuführen, denn er war der Generaldirektor. Er war der Boß. Allzu viele Änderungen, die zu rasch in die Tat umgesetzt würden, hätten jedoch – so fürchtete er – einen Aufstand oder zumindest eine Schar verwirrter Angestellter zur Folge.

Obwohl Marshall im Umgang mit seinen Mitarbeitern wirklich einiges anders machen wollte, wußte er instinktiv, daß jähe Änderungen in Richtung eines spielerischen Umgangs von seinen Angestellten nicht akzeptiert werden würden. Marshall äußerte auch so manchen Zweifel darüber, ob seine Angestellten weiter so produktiv bleiben würden, wenn er in der Firma einen lockereren Ton anschlagen würde. In seinem Innersten hatte er das Gefühl, daß seine Angestellten ganz gut auf die gegenwärtige Situation ansprachen, die er folgendermaßen beschrieb: „Jeder fürchtet um seinen Job. Sie wissen, daß sie sich ranhalten müssen, sonst werden sie gefeuert. Und sobald eine bestimmte Anzahl von Leuten gefeuert worden ist, geht das ganze Unternehmen den Bach hinunter."

Seine Lage schien, wie er meinte, hoffnungslos, doch dann erhellte sich plötzlich sein Gesicht. „Ich habe eine Idee", meinte er. „Ich habe einen wirklich guten Personalmanager. Mit ihm kann ich ein Wörtchen reden. Er soll sich etwas ausdenken, was meinen Leuten Spaß macht. Auf diese Weise kann ich als treibende Kraft dahinterstehen, muß aber nicht tatsächlich der Mann an der Front sein, der alles selbst macht."

Hier irrte Marshall, und das sagte ich ihm auch. „Sie können nicht die graue Eminenz spielen", erklärte ich ihm. „Sie müssen in die Änderung in aller Öffentlichkeit eingebunden sein, sonst wird sie niemals greifen. Und es wird eine Weile dauern. Glauben Sie mir, wenn die Leute jetzt um ihre Jobs fürchten, werden sie es nicht wagen, bei der Arbeit Spaß zu haben, wenn Sie sich der Sache nicht ganz persönlich annehmen und selbst ins Rampenlicht treten."

Als ich Marshall einmal dazu bringen wollte, es auf einen Versuch ankommen zu lassen, erzählte ich ihm von Dr. Jeff Alexander, dem Gründer der Zahnarztpraxis *Youthful Tooth* in Oakland, Kalifornien. Dr. Alexander hatte eine interne Besprechung einberufen, bei der sämtliche seiner Mitarbeiter der Meinung waren, daß der interne Kommunikationsfluß straffer gehandhabt werden müsse. Allen war bewußt, daß auf zu viele Mitteilungen nicht reagiert wurde und zu viele Detailinformationen durch den Rost fielen. Die Belegschaft von *Youthful Tooth* vereinbarte, ein Memo-System einzuführen. Zur einfacheren und effizienteren Gestaltung der Memos wählten sie eine Form, bei der eine Anzahl vorgegebener Felder auszufüllen war:

1. Botschaft
2. Problem/Lösung
3. Antwort

Die Mitarbeiter vereinbarten, sich bei der Versendung und dem Erhalt der Memos an eine Grundregel zu halten: Jeder sollte bei Erhalt einer Mitteilung seine Antwort direkt auf dasselbe Stück Papier schreiben, das Antwortfeld ausfüllen und dem Absender persönlich zurückgeben oder in dessen Postkistchen legen. Auf diese Art und Weise würde das Kommunikationssystem so einfach wie möglich gehalten. Ferner waren alle Angestellten damit einverstanden, daß sich niemand über ein Problem beschweren durfte, wenn er nicht bereit war, eine Lösungsmöglichkeit anzubieten. Dr. Alexander glaubte fest daran, daß jene Personen, die auf ein Problem stießen, oft auch eine Lösung dafür parat hatten. Seine Mitarbeiter sollten alle wissen, daß ihre Meinungen angehört und geschätzt wurden, und in dieser Hinsicht waren die Memos mehr als nur eine Möglichkeit, Frust abzubauen – sie waren auch treibende Kraft für eine Veränderung.

Allem Anschein nach war das System großartig, und Dr. Alexander war davon begeistert. Schleunigst ließ er die Formulare drucken, händigte jedem im Büro einen Packen davon aus und wartete auf die „große Veränderung".

Allerdings gab es da ein Problem: Niemand schrieb Memos. In den ersten paar Wochen bemerkte Dr. Alexander, daß er der einzige war, der das System jemals benützte. Fast noch schlimmer war die Tatsache, daß keiner jemals in sein Postkistchen sah. Selbst wenn Dr. Alexander also ein Memo schrieb, erhielt er selten rechtzeitig eine Antwort.

Dr. Alexander beschloß, daß nun die Zeit für eine radikale Wende gekommen war. Er erhöhte die Anzahl der von ihm ausgesandten Memos und legte bei jedem Gang zu den Postkistchen da und dort entweder fünf Dollar oder ein paar selbstgebackene Schokoladenkekse in eines der Kistchen. Dann marschierte er durch das Büro, pfiff in eine altmodische Bahnhofspfeife, die ihm ein Patient geschenkt hatte, und rief laut: „In einem der Postkistchen ist es ganz heiß!" oder „Zeit für eine Stärkung! Werfen Sie doch einen Blick in Ihr Postkistchen!" So brachte er seine Angestellten zumindest dazu, gelegentlich in ihr Postkistchen zu sehen, was für den Anfang ganz gut war.

Außer Dr. Alexander schrieb jedoch niemand etwas. Also entschied er sich für drastische Maßnahmen und trat in der Woche darauf in Besprechungsstreik. Wenn jemand mit einer Frage zu ihm kam, antwortete er: „Schreiben Sie mir ein Memo!"

„Aber Jeff", beschwerte sich derjenige dann unweigerlich, „Sie sind doch im Moment gar nicht beschäftigt und haben Zeit zu reden."

„Ich bin sehr wohl beschäftigt", pflegte Dr. Alexander dann zu sagen und nahm ein Instrument in die Hand, um es angeblich zu überprüfen. „Ich erwarte Ihr Memo!"

Die Leute erkannten rasch, daß die einzige Möglichkeit, von Dr. Alexander eine Antwort zu bekommen, darin bestand, ihre Frage schriftlich zu stellen. Und sobald es sich die Leute zur Gewohnheit gemacht hatten, das Memo-System zu benützen, begannen sie, sich auch gegenseitig Mitteilungen zu senden. Dieses System verschaffte den Führungskräften einen ausgezeichneten Überblick über die Probleme und Anliegen, für die in der Zahnarztpraxis Handlungsbedarf gegeben war.

Sie werden fragen, was daran lustig ist. Wenn ein Problem immer wieder in einem Memo auftaucht, so veranstalten Dr. Alexander und seine Manager eine rituelle Memo-Verbrennungszeremonie, sobald das Problem schlußendlich gelöst ist. „Als wir die Zeremonie erstmals abhielten", erinnerte sich Dr. Alexander kleinlaut, aber mit einem verschämten Grinsen im Gesicht, „versammelten wir uns zufällig unter einem Rauchmelder. Sobald wir die Memos anzündeten, sprang auch das Sprinklersystem an, und alle im Raum wurden patschnaß!"

Der zweite Grundsatz von Spaß am Arbeitsplatz besteht darin, daß Sie mit gutem Beispiel vorangehen müssen: Sie können niemandem etwas abverlangen, was Sie persönlich nicht zu tun bereit sind. Sie als Manager müssen den Weg zur Schaffung eines gesunden Umfeldes für Spaß am Arbeitsplatz weisen. Um die Dinge ins Rollen zu bringen, werden Sie etwas tun müssen, das ein wenig außerhalb der Norm liegt, wie zum Beispiel Kekse backen, kleine Geldgeschenke machen, in einen Besprechungsstreik treten oder ein rituelles Freudenfeuer anzünden, wie Dr. Alexander es machte. Selbst wenn Ihre Bemühungen dazu führen, daß Ihr gesamtes Führungsteam patschnaß wird, steht die Sache letztlich dafür. Dr. Steve Allen junior erklärte mir einmal, daß man im Wörterbuch als Wurzel des Wortes *silly* (dumm) „*sælig*" findet, was „gedeihlich, glücklich, gesegnet" bedeutet. Wenn Sie mit gutem Beispiel vorangehen, müssen Sie vielleicht einige Risiken eingehen. Es kann sogar sein, daß Sie, um Erfolg zu haben, *silly* (dumm) sein müssen.

3. Grundsatz: Wenn Sie selbst nicht voll und ganz zu den geplanten Veränderungen stehen, sollten Sie sie lieber gleich bleiben lassen

Einige Wochen später verabredeten Marshall und ich uns zum Mittagessen, um über ein paar Ideen, wie man Spaß an den Arbeitsplatz bringen könnte, zu diskutieren. Ich schlug vor, Marshall könnte zuallererst seinen Mitarbeitern etwas Anerkennung für gute Leistungen zollen. „Haben Sie sich gegenüber Leuten, die ihre Ziele erreicht haben, jemals positiv geäußert?" fragte ich ihn.

Seine Antwort erstaunte mich: „Glauben Sie nicht, daß sie in ihrer Leistung nachlassen werden, wenn ich anfange, Komplimente auszuteilen?"

Ich fragte ihn, ob er selbst jemals für eine Arbeit, die er gemacht hatte, Worte des Dankes oder Lobes erhalten hätte. „Ja, natürlich", sagte er, worauf ich ihn fragte: „Wie haben Sie reagiert? Haben Sie sich gesagt: ‚Sehr gut, jetzt muß ich nicht mehr arbeiten!' oder wollten Sie daraufhin noch intensiver arbeiten?"

Er grinste und gab zu, daß ihn das Lob seiner Vorgesetzten zu noch intensiverem Arbeiten motiviert hatte, denn es hatte ihm gutgetan.

Ich schlug ihm vor, daß handschriftliche Mitteilungen an einige seiner Mitarbeiter ein guter Anfang wären, und meinte: „Wie wäre es, wenn Sie sich fest vornehmen würden, ein oder zwei Monate hindurch zehn Mitteilungen pro Woche zu schreiben, in denen Sie sich für eine gute Leistung bedanken? Es braucht nur eine ganz einfache Mitteilung zu sein, wie zum Beispiel: ‚Ihr großer Einsatz bei diesem Projekt hat uns wertvolle Dienste erwiesen, die ich wirklich zu schätzen weiß!'"

Allerdings erschien ihm sogar das schwierig. „Ich weiß gar nicht, ob es mir auffallen würde, wenn jemand etwas gut macht", meinte er zögernd. „Wir haben noch ein enormes Pensum zu bewältigen, damit wir das Unternehmen wieder auf die Beine bringen, und ich möchte alles sofort erledigt wissen. Ich denke so weit voraus, daß ich die kleinen Schritte, die die Leute in der Zwischenzeit erledigen, nicht würdigen kann. Solange wir nicht alles durchgezogen haben, kommt es mir vor, als hätten wir noch kaum etwas erreicht."

„Also gut, vergessen Sie die Mitteilungen für eine Weile", sagte ich zu ihm. „Vielleicht können Sie …"

„Moment, mir fällt gerade etwas ein, das ich gemacht habe und das genau darauf hinausläuft, worüber Sie reden", unterbrach Marshall. „Ich habe einmal 125 Geburtstagsbillets – für jeden in der Fabrik eines – gekauft und gleich allesamt unterschrieben. Meine Sekretärin schickt sie den Leuten an ihrem Geburtstag nach Hause. Das ist doch ein guter Anfang?"

Ich wollte Marshall wirklich Mut machen, so gut ich konnte, aber bevor mir irgend etwas Positives einfiel, schüttelte ich auch schon verneinend den Kopf. „Gute Idee, aber nicht richtig ausgeführt", sagte ich. „An die Geburtstage Ihrer Mitarbeiter zu denken, ist eine ausgezeichnete Idee, noch dazu eine, die ihren Mitarbeitern helfen könnte zu verstehen, daß ihr Arbeitsleben und Privatleben nicht ganz streng voneinander getrennt ablaufen müssen. Geburtstagsgrüße aus einer Massenproduktion werden Ihnen im Kampf gegen schleichenden *Workaholismus* allerdings nicht viel helfen.

Sie haben alle auf einmal unterschrieben und völlig darauf vergessen, bevor sie Ihnen jetzt gerade wieder eingefallen sind", kam ich auf den Punkt. „Im Sinne Ihres persönlichen Bedürfnisses, Ihre Mitarbeiter näher kennenzulernen, sind die Geburtstagsbillets ein totaler Reinfall."

„Aber besser als nichts", protestierte er. „Sie sind doch ein guter Anfang!"

„Dessen bin ich mir nicht so sicher. Ihre Mitarbeiter könnten diese Geste auch als Unehrlichkeit auffassen. Angenommen, eine Ihrer Arbeiterinnen findet zu Hause ein Geburtstagsbillet vor, begegnet Ihnen dann am selben Tag in der Fabrik, und Sie sagen kein Wort. Sie merkt, daß Sie in Wirklichkeit keine Ahnung haben, daß sie Geburtstag hat. Die Tatsache, daß Sie ihr ein Geburtstagsbillet geschickt haben, verkommt damit zu einer Geste ohne jede Bedeutung, und Sie stehen als unehrlicher Mensch da.

Ein Geburtstagsbillet von Ihnen zu erhalten, könnte Ihren Angestellten viel bedeuten, wenn mehr als bloß eine Anstandsgeste dahinterstünde. Käme damit ehrlich zum Ausdruck, daß Sie Ihre Angestellten wichtig nehmen, so würde diese Obsorge wahrscheinlich auch in vielen anderen Belangen ersichtlich werden. Darüber hinaus vergeben Sie sich damit eine Chance. Sie werden aus dieser Erfahrung weder bereichert hervorgehen noch das Gefühl haben, Ihren Mitarbeitern nähergekommen zu sein. Kurz und gut, es funktioniert einfach nicht.“

Ich erklärte Marshall, daß er nicht der einzige sei, der sich in dieser Situation befinde, und daß viele Manager, mit denen ich gearbeitet hatte, ähnlich reagiert hätten. Ich erzählte ihm, was Michael Osterman, der Vorstandsvorsitzende von *Osterman API*, in seinem Unternehmen getan hatte. Bei *Osterman API* war es Brauch geworden, daß Michael durch seine Sekretärin jedem Mitarbeiter zum Jahrestag seines Firmeneintritts einen „Mylar-Strauß“ – einen Strauß aus Mylar-Ballons, an dem verschiedenste Süßigkeiten und Riegel befestigt waren – überbringen ließ.

„Meine Sekretärin trug gewissenhaft den Jahrestag jedes Mitarbeiters in meinen Terminkalender ein“, erinnert sich Michael, „so daß ich, wenn ich dem betreffenden Mitarbeiter im Laufe des Tages zufällig begegnete, stehenbleiben und ihm gratulieren konnte. Es gab jedoch viele Tage, an denen mir die jeweiligen Jubilare nicht über den Weg liefen. Dadurch kam mir in den Sinn, daß ich, wenn ich diese Jahrestagsjubiläen noch reizvoller gestalten wollte, die Sträuße von nun an selbst überreichen mußte!“

„Merken Sie, was es ausmacht, wenn der Generaldirektor an solchen Aktivitäten persönlich beteiligt ist?“ fragte ich Marshall.

„Ja, natürlich merke ich das", beeilte sich Marshall einzuräumen. „Über eines bin ich mir dabei allerdings nicht im klaren …"

„Und zwar?"

„Woher soll ich all diese Ballons bekommen?"

4. Grundsatz: Veränderungen brauchen Zeit

Marshall erzählte mir, daß er früher Entspannung finden konnte, wenn er auf der Couch lag und stundenlang Sport ansah. Das konnte er derzeit nicht. Er meinte, er hätte ein schlechtes Gewissen, wenn er nicht jeden Abend bis sieben oder acht Uhr im Büro ausharrte. „Einer meiner besten Freunde rief mich letzte Woche an und erklärte mir, er würde es mit mir aufgeben. Er sagte: ‚Ich habe dich am Dienstag abend angerufen, um dich zu treffen, und du hast mir gesagt, du hättest keine Zeit. Ich habe dich am Donnerstag abend angerufen, um dich zu treffen, und du warst noch nicht einmal vom Büro zu Hause. Freundchen, du bist ein hoffnungsloser Fall. Dir ist nicht zu helfen.'"

Mit beleidigtem Gesichtsausdruck sah mich Marshall an und meinte: „Ich glaube, er hat recht. Wahrscheinlich ist mir wirklich nicht zu helfen. Wenn mich meine Freunde vom College jetzt sehen könnten, sie würden ihren Augen nicht trauen. Damals war ich derjenige, der immer den meisten Spaß hatte."

„Sie wollen damit also andeuten, daß Sie einmal schlagfertig und spontan sein konnten. Daß Sie einer waren, der wußte, wie man sich amüsiert, und der Bursche, der Sie einmal waren, wäre offenbar einer von der Sorte von Generaldirektor, der möchte, daß seine Angestellten Spaß haben. Sie hätten den alten Marshall gern zurück, nicht wahr?"

Marshall nickte langsam und wollte gerne wissen, worauf ich hinauswollte.

„Wie wollen Sie den alten Marshall wieder zurückholen? Sie unternehmen über einen längeren Zeitraum viele kleine Schritte, bis Sie wieder dort sind, wo Sie einmal waren. Nachdem jetzt jedoch so viele Leute zu Ihnen aufschauen, müssen Sie dabei vorsichtig vorgehen."

Ich war mir bewußt, daß Marshall fürchtete, er würde, wenn er in seinem Büro ein „eigenartiges" Verhalten an den Tag legte, in der Achtung seiner Mitarbeiter sinken. Ich erklärte ihm, daß er mit seiner Absicht, keine drastischen Maßnahmen ergreifen zu wollen, ganz richtig liege und er eine Änderung in seinem Unternehmen – wie auch in seinem Privatleben – am besten nach und nach herbeiführen sollte.

Marshalls Führungsstil erinnerte mich an Roger Kerr, den Vorstandsvorsitzenden von *Masterpiece Advertising* in Kansas City, Missouri. Roger hatte ein *Playfair*-Seminar besucht und beschlossen, das Gelernte sofort in die Tat umzusetzen. „Mir wurde bewußt, daß ich ein sehr strenges Kommando führte und meine Spitzenmanager für ihre Leistungen fast nie lobte oder belohnte", meinte Roger. „Also beschloß ich, sofort nach meiner Rückkehr ins Büro an zwei meiner Spitzenleute eine Prämie von 1500 Dollar auszuzahlen."

Roger schrieb die Namen der beiden Manager auf zwei große Briefumschläge und steckte Bargeld hinein. Es war ihm klar, daß diese unerwartete Belohnung besonders viel Wirkung zeigen würde, wenn er sie den beiden persönlich überreichen und dabei einige Worte des Lobes und der Anerkennung für die harte Arbeit, die sie für das Unternehmen geleistet hatten, finden würde. Also ersuchte er seine Sekretärin, die beiden Manager in sein Büro zu rufen. Roger wies sie an, ihnen mitzuteilen, er hätte etwas Wichtiges mit ihnen zu besprechen.

Kurz bevor die beiden Manager eintrafen, wurde Roger durch einen dringenden Telefonanruf, der seine sofortige Aufmerksamkeit erforderte, aufgehalten.

Er ließ die Manager in seinem Vorzimmer eine Viertelstunde lang warten. Als Roger endlich aus seinem Büro herauskam, fand er seine beiden Spitzenleute ängstlich und demoralisiert in ihre Stühle gedrückt vor. Rückblickend begriff Roger, was geschehen war.

„Erst werden sie dringend ins Büro des Vorstandsvorsitzenden gerufen", erklärte er mir, „und dann lasse ich sie warten. Dann sehen sie auf dem Schreibtisch meiner Sekretärin zwei Briefumschläge mit ihren Namen liegen. All das noch dazu von einem Menschen, der sein Unternehmen mit eiserner Hand führt, der sie kaum jemals spüren ließ, daß er sie schätzt. Was werden die wohl denken – ‚Oh, Roger hat uns vermutlich herbestellt, um uns eine hübsche Prämie auszuzahlen‘?" An dieser Stelle lachte er kurz und hämisch über sein damaliges Verhalten. „Bei dem Ruf, den ich hatte, kam ihnen ein solcher Gedanke wahrscheinlich nicht einmal im entferntesten in den Sinn. Sie waren in ihre Stühle gedrückt, weil sie dachten, ich würde ihnen den blauen Brief geben. Sie dachten, ich würde sie feuern!"

Marshall nickte, als er von Rogers Dilemma erfuhr. „Genau das fürchte ich", kicherte er. „Ich sehe mich bereits etwas Ähnliches in bester Absicht tun, und dann fällt mir die ganze Sache auf den Kopf!"

„Nicht, wenn Sie in kleinen Schritten vorgehen. Wie Roger richtig erkannt hat, können Sie nicht alles auf einmal erledigen. Damit eine Verhaltensänderung greift, muß sie über eine gewisse Zeitspanne hin verstärkt werden. Rogers Erfahrung trifft wahrscheinlich auch auf Sie zu, nämlich, daß es manchmal leichter ist, sein eigenes Verhalten zu ändern, als den Leuten, mit denen man jahrelang zusammengearbeitet hat, diese Verhaltensänderung begreiflich zu machen. Es bedarf wiederholter Handlungen über einen längeren Zeitraum hinweg, damit eine – wenn auch noch so geringfügige – Änderung im Unternehmen Wirkung zeigt."

Jedes Unternehmen hat seine eigene interne Unternehmenskultur, sein unausgesprochenes Reglement und seine Verhaltensnormen, die jedem neuen Mitarbeiter vom ersten Augenblick an auffallen. Niemand muß ihm sagen, wie er zu handeln hat; er geht sofort auf die unausgesprochenen Regeln, die eine Unternehmenskultur ausmachen, ein. Angenommen, er versucht, ein wenig Spaß am Arbeitsplatz zu haben, erntet jedoch einen mißbilligenden Blick von seinem Vorgesetzten oder nervöse Reaktionen von seinen Kollegen, so wird er instinktiv anders handeln. Er lernt, sich anzupassen und sich „professionell" zu benehmen.

Ich mahnte Marshall zur Vorsicht. Jede abrupte Verhaltensänderung, und sei sie noch so gut gemeint, würde nur Argwohn und Mißtrauen unter seinen Mitarbeitern schüren – mit gutem Grund: Plötzlich wird das Reglement geändert, und niemand weiß, warum. Wenn ein Generaldirektor oder Manager das Reglement ändern will, muß er sich Zeit lassen, denn jede Änderung einer Unternehmenskultur von oben her setzt Vertrauen voraus; und die Vertrauensbildung erfordert ihrerseits wieder Zeit.

KAPITEL 2

Kleine Geste – große Wirkung

Ein Kinobesuch

Ich hörte wieder mehrere Wochen lang nichts von Marshall. Eines Morgens fand ich dann in meinem Büro einen Brief von ihm vor, in dem er mir schrieb: „Ich habe über unser letztes Gespräch ziemlich viel nachgedacht und bin, glaube ich, ein kleines Stück weitergekommen. Zum Beispiel habe ich allen Damen im Büro am Valentinstag Blumen gebracht. Allerdings hatte ich den Eindruck, daß sie wohl zu schockiert waren, um sich wirklich darüber zu freuen. Ich habe jetzt auch eine tolle batteriebetriebene Weltraum-Strahlenpistole für gewisse Situationen in meiner obersten Schreibtischlade liegen.

Alles in allem habe ich aber trotzdem das Gefühl, daß ich zu früh zu große Erwartungen in mich gesetzt habe. Obwohl ich jetzt vermehrt Worte des Lobes hervorbringe, fühle ich mich dabei noch nicht wohl. Ich möchte diesbezüglich mit Ihnen in Verbindung bleiben. Meine Freundin Rhonda erzählte mir von einer Gruppe von Managern, mit denen sie freitags nach Büroschluß immer auf einen Drink ging. Sie machten es sich zur Regel, daß niemand auch nur ein Wort über die Arbeit verlieren durfte, und derjenige, der doch etwas sagte, was in irgendeiner Form mit der Arbeit zu tun hatte, sollte die gesamte Zeche der Gruppe übernehmen! Das hat mich auf eine Idee gebracht, mit meinen Leuten während unserer großen Übersiedlung nächste

Woche etwas zu versuchen. Ich werde Sie auf dem laufenden halten."

Ich freute mich sehr über Marshalls Brief und schrieb ihm sogleich zurück. Einige Wochen später rief er mich an, um mir mitzuteilen, daß seine Firma am vergangenen Wochenende in die neue Zentrale übersiedelt war. „Meine Manager traten geschlossen an, um bei der Übersiedlung zu helfen", berichtete er begeistert. „Natürlich war ihnen klar, daß sie das tun mußten, wenn sie ihren Job behalten wollten!" Keinem seiner Mitarbeiter wurden für die Übersiedlung Überstunden abgegolten, Marshall war jedoch bereits der Wert einer Belohnung für den außerplanmäßigen Einsatz seiner Mitarbeiter bewußt. „Montag mittag ließ ich Pizza für das gesamte Lagerpersonal bringen. Nach dem Mittagessen rief ich das Management-Team in den Konferenzsaal. Als alle versammelt waren, dankte ich ihnen für ihren harten Arbeitseinsatz und teilte ihnen mit, daß sie wohl eine viel größere Belohnung verdienen würden, als ich ihnen zu geben imstande war. Ich sagte ihnen, wie sehr ich sie alle schätzte. Dann rief ich laut: ‚Exkursion!' und zwängte sie alle in einen unserer Firmen-Lieferwagen.

Wir fuhren hinaus zum *CineDome*, einem dieser Kinozentren, in dem zehn verschiedene Filme laufen. Ich kaufte für alle Popcorn und ließ jeden Mitarbeiter den Film, den er sehen wollte, auswählen.

Die Leute lachten und benahmen sich, als ob wir etwas ganz Besonderes zusammen unternommen hätten. Nicht die Tatsache, daß wir im Kino waren, war entscheidend, sondern daß wir uns wie eine Schar Kinder fühlten, die die Schule schwänzten. Während der Arbeitszeit im Kino sein! Es stimmt natürlich, daß die Leute für die Übersiedlung in die neue Zentrale mehr Überstunden geleistet hatten, als ich nicht einmal mit einem Dutzend Kinobesuchen wettmachen hätte können, aber ich weiß, daß sie diese Geste wirklich zu schätzen wußten.

Nachher trafen wir uns in einem Restaurant, um etwas zu trinken und über die Filme zu reden. Ich wollte sichergehen, daß wir wirklich eine Weile miteinander redeten, und zwar über die Filme und über unser Leben außerhalb des Arbeitsplatzes, also nicht die üblichen Firmengespräche. Deshalb griff ich die Idee meiner Freundin Rhonda auf. Ich schlug vor, zu vereinbaren, daß derjenige, der etwas in Zusammenhang mit der Arbeit sagte, einen Dollar auf den Tisch legen sollte, denn schließlich war diese Exkursion dazu gedacht, der Arbeit zu entkommen. Natürlich vergaßen die Leute darauf, und es bereitete uns Spaß, einander dabei zu erwischen und die Strafgelder einzukassieren. Anschließend gaben wir alle eingesammelten Dollarnoten einem Mitarbeiter, damit er Kuchen für unsere Morgenbesprechung tags darauf besorgen konnte.

Ich bin gerade dabei, zu lernen, daß ich mich wirklich sehr anstrengen muß, dieser Sache mit dem Spaß den gleichen Stellenwert wie allen anderen Dingen einzuräumen. Immer stehen eine Menge Sachen an, um die ich mich gleichzeitig kümmern soll. Ich weiß jetzt allerdings, daß der Spaß, wenn ich ihn nicht auf die Prioritätenliste setze, in der Hitze des Gefechts untergeht. Ich bin nicht dazu bereit, wieder in den alten Trott zurückzuverfallen, also muß ich von Zeit zu Zeit innehalten und mir selbst sagen: ‚Okay, du steckst bis zum Hals in Arbeit, aber jetzt muß Zeit für ein bißchen Spaß sein.' Das wirkt vielleicht ein bißchen gezwungen, aber ich muß diszipliniert vorgehen, sonst funktioniert das bei mir einfach nicht. Die Sache erfordert Übung und Ausdauer. Spaß kann ein hartes Stück Arbeit sein, nehme ich an, wie eben auch sonst alle Tätigkeiten, die es wert sind, daß man sie verrichtet!"

Marshall arbeitet nach wie vor sehr viel und verbringt täglich fünfzehn Stunden im Büro. Als ich aber das letzte Mal mit ihm sprach, war er am Abend zuvor gerade mit seiner Frau bei einem Hockeyspiel gewesen. „Ich weiß, es klingt verrückt, aber ich mußte mich um 18.30 regelrecht vom Büro losreißen, um mit meiner Frau auszugehen", meinte er mir gegenüber, „aber ich bin froh, daß ich es getan habe. Ich glaube, ich fange endlich an, zu mir selbst zurückzufinden. Ich weiß, daß es eine Weile dauern wird, aber ich plane langfristig."

„Ich kann Ihnen schon jetzt prophezeien", meinte ich daraufhin, daß auf lange Sicht auch immer mehr Ihrer Mitarbeiter nachziehen werden. Wenn es Ihnen gelingt, ein Unternehmen zu schaffen, in dem sich Ihre Mitarbeiter wirklich wohlfühlen können, so wird Ihnen auffallen, daß diese ihre Arbeit auch mit viel mehr Freude machen werden. In Ihrem Unternehmen wird es wesentlich weniger Fluktuation und Burnout geben. Meiner Meinung nach werden Sie feststellen, daß Sie eine ganze Reihe Langzeitbegleiter auf Ihrem Weg zurück zur Rentabilität gewinnen werden."

Die Studie vom Barmherzigen Samariter

Kann eine einzige simple Geste, wie beispielsweise jene, daß Sie Ihr Management-Team ins Kino einladen, im Arbeitsalltag Ihres Unternehmens etwas bewirken? Zweifelsohne ja. Bereits *ein* positiver Ansatz am Arbeitsplatz kann die Adressaten dazu anregen, in der gleichen Weise zu handeln und eine Kettenreaktion von Spaß und Feierstimmung zur Freude der übrigen Mitarbeiter in einem Betrieb auszulösen.

Dieser Schneeballeffekt wurde mir erstmals vor ein paar Jahren nähergebracht, als ich mit meinem Freund Dale Larsen durch die Straßen von Berkeley joggte. Dale ist klinischer Psychologe, und obwohl wir schon seit langem befreundet sind, waren wir bis dahin nie zusammen laufen gegangen. Nach ein paar Dehnungsübungen trabten wir los und waren gerade ein paar Querstraßen weitergekommen, als ich Dale in die Tasche seiner Shorts greifen sah, aus der er eine Handvoll Münzen herausnahm und über die Schulter warf. Diesen Vorgang wiederholte er mehrmals.

Die ersten paar Mal tat ich, als ob ich nichts bemerkt hätte. Nach einer Weile begann mir Dales Verhalten allerdings auf die Nerven zu gehen, weshalb ich ihn schließlich fragte: „Dale, was soll das mit dem Geld? Warum wirfst du Münzen auf die Straße?" Dale lachte und begann mir von einem erstaunlichen Experiment aus der Psychologie, scherzhaft „die Studie vom Barmherzigen Samariter" genannt, zu erzählen.

Im Rahmen dieser Studie bezog das wissenschaftliche Personal Stellung auf der gegenüberliegenden Straßenseite eines Münzfernsprechers, um die Leute, die von dort aus Telefonate führten, zu studieren. Eines der ersten Dinge, die sie feststellten, war, daß fast jeder Anrufer nach Auflegen des Hörers einen Blick in die Geldrückgabelade warf, um zu sehen, ob sich zufällig Münzen darin befanden. Offenbar *muß* man dem unwiderstehlichen Drang nachgeben und in der Geldrückgabelade nachsehen, ob der Apparat das Geld irrtümlich wieder ausgeworfen hat!

Diese Verhaltensweise brachte die Wissenschaftler auf eine Idee. Am nächsten Tag legten sie nach dem Zufallsprinzip Münzen in die Geldrückgabelade, so daß einige Telefonbenützer tatsächlich Geld vorfanden. Die Studienbetreiber engagierten eine junge Frau, die genau dann an dem Münztelefon vorbeigehen sollte, wenn die unter Beobachtung stehenden Personen den Hörer auflegten. Wenn die junge Frau dann mit einem Stapel Bücher in den Armen vorbeiging, gab sie vor, zu stolpern, und ließ die Bücher fallen.

Die Wissenschaftler kamen dabei zu der überraschenden Erkenntnis, daß jene Leute, die in der Lade Münzen vorgefunden hatten, mit *viermal so hoher Wahrscheinlichkeit* stehenblieben und der Frau beim Aufheben der Bücher halfen als die Leute, die keine Münzen gefunden hatten. Sie zogen daraus den Schluß, *daß man eher dazu neigt, Gutes zu tun, wenn man sich selbst wohlfühlt;* das heißt, der Auslöser für die Hilfeleistung ist übertragbar. Anders ausgedrückt, wenn Sie jemand anderem Gutes tun, wird er wiederum viel eher einer weiteren Person einen netten Dienst erweisen, so daß eine kleine Geste einen Schneeball-effekt ungeheuren Ausmaßes auslöst.

Das war der Grund dafür, daß mein Freund Dale Münzen über die Schulter warf, als wir durch die Straßen von Berkeley liefen – er hoffte, er würde im Laufe eines Nachmittags die Leute aus der gesamten Gegend dazu bringen, sich wohlzufühlen und vielleicht sogar noch etwas Gutes zu tun!

Es läßt sich unmöglich sagen, wie lange der durch eine ein-fache Geste der Freundlichkeit ausgelöste Schneeballeffekt anhal-ten kann. Darlene Olga, eine Mitarbeiterin von *IBM* in Westchester, New York, erinnert sich: „Als ich elf Jahre alt war, machte ich mit meiner Familie einen Campingausflug. Fernab jeder Zivilisation hatten wir eine Reifenpanne. Mein Vater nahm das ganze Werk-zeug aus dem Kofferraum, mußte aber feststellen, daß der Griff des Wagenhebers fehlte. Es gab keine Möglichkeit, die Reifen-panne zu beheben. Wir saßen fest. Nach ungefähr einer halben Stunde bemerkte uns ein ortsansässiger LKW-Fahrer, der darauf-hin zu uns herkam und den Reifen wechselte.

Nachdem er den Reifen montiert hatte, verabschiedete er sich von uns allen und machte sich auf den Weg zurück zu sei-nem Lastwagen. Mein Vater lief ihm nach und wollte ihm Geld geben. Der Mann schüttelte den Kopf, und ich hörte ihn zu mei-nem Vater sagen: ‚Dafür kann ich kein Geld nehmen!'

Mein Vater meinte: ‚Hören Sie, ich war in einer verzweifel-ten Lage. Ich weiß das, was Sie für uns getan haben, wirklich zu schätzen. Sie haben unseren Urlaub gerettet. Bitte, nehmen Sie das Geld. Ich möchte mich wirklich revanchieren!'

Daraufhin sagte der Mann etwas zu meinem Vater, was ich nie-mals vergessen habe und niemals vergessen werde: ‚Sie wollen sich revanchieren? Ich wüßte etwas, womit Sie sich revanchieren könn-ten. Wenn Sie demnächst jemanden sehen, der sich in Schwierig-keiten befindet, dann halten *Sie* an und helfen demjenigen!'

Ich bin jetzt 37 Jahre alt", meinte Darlene, „und noch im-mer muß ich an diesen Mann denken. 25 Jahre danach halte ich noch immer an, um fremden Leuten zu helfen und mich so bei ihm zu revanchieren!"

Einmal pro Woche:
52 Wege zu Spaß am Arbeitsplatz

Sie sind durchaus in der Lage, Einfluß dieser Art auf die Personen, mit denen Sie Tag für Tag zusammenarbeiten, auszuüben. Halten Sie sich vor Augen, daß Leute, denen Sie mit einer netten Geste begegnen, sich an den freundlichen Umgang mit Ihnen lange Zeit erinnern werden. Da es fast immer ein nicht endenwollendes Pensum an „ernsthafter" Arbeit zu bewältigen gilt, bleibt für Spielerisches kaum noch Raum – vor allem nicht am Arbeitsplatz. In einem durch hohen Leistungsdruck geprägten Arbeitsumfeld bleibt einfach nicht genug Zeit dafür, all das, was man tun muß und tun möchte, zu verwirklichen. Humorvolle, spielerische Aktivitäten rutschen daher meist sehr rasch auf die letzten Ränge der Aufgabenliste zurück. Die einzige Möglichkeit, sich den Sinn für Spaß und Spiel im Arbeitsalltag zu bewahren, besteht daher darin, diese Punkte bewußt unter die Prioritäten einzureihen.

Wenn Sie Spaß am Arbeitsplatz zur Priorität erklären, entscheiden Sie sich nicht nur für einen fröhlichen und anregenden Umgang mit Ihren Kollegen, sondern Sie machen Spaß auch zu einem Grundbestandteil Ihrer Stellenbeschreibung. Das bedeutet, daß Sie sich selbst dahingehend bewerten müssen, in welchem Maße Sie über die üblichen Kennzahlen wie Umsatz und Produktivität hinaus zur Schaffung einer positiven Unternehmenskultur in Ihrem Umfeld beitragen. Denken Sie einmal genau darüber nach, wann Sie im Büro zum letzten Mal Anlaß zu ein bißchen Spaß gegeben haben. Stellen Sie sich die Frage: „Wann habe ich zum letzten Mal über die Leute in meiner Umgebung nachgedacht, darüber, wie es ihnen geht? Was kann ich nächste Woche dazu beitragen, um Spaß, Spiel und Freude in die Gemeinschaft meiner Arbeitskollegen zu bringen?"

Wenn Sie dem Spaß am Arbeitsplatz wirklich Priorität einräumen, so können Sie sich als angemessenes Ziel vornehmen, zumindest einmal pro Woche einen Anlaß dafür zu schaffen. Schon ein Aufwand von 30 Minuten pro Woche wird zweifelsohne Wirkung zeigen. Darauf folgen dann 52 verschiedene Strategien, also eine pro Woche, und schon haben Sie ein ganzes Jahr hindurch für Spaß am Arbeitsplatz gesorgt!

Natürlich werden sich nicht alle diese Vorschläge für Ihr Arbeitsumfeld eignen. Hinterfragen Sie die hinter jeder dieser 52 Ideen stehende Überlegung auf folgendes hin: „Wie kann ich diesen Vorschlag so umgestalten, daß er auf meine spezielle Situation genau zutrifft? Was davon könnte bei mir funktionieren? Wie kann ich ihn dahingehend abändern, daß meine eigene Idee daraus wird?"

Einige dieser Strategien sind Vorschläge für unternehmensweite Initiativen, die vom oberen Management ausgehen müssen; andere wiederum dienen als Beispiel dafür, was ein einzelner Mitarbeiter unternehmen kann. Einige dieser Strategien erfordern behutsames Vorgehen und Geheimhaltung seitens der Mitwirkenden; andere verlangen offene und öffentliche begeisterte Feiern mit uneingeschränkter Billigung und Teilnahme des obersten Managements. Diese 52 Strategien wurden in vielen verschiedenen Wirtschaftssparten in der Praxis erprobt und enthalten zahlreiche Vorschläge für unerwartete, mit Spaß gepflasterte Wege, die zu mehr Belohnung, Anerkennung und Feiern für die Leute, mit denen Sie Tag für Tag zusammenarbeiten, führen. Im Laufe eines Jahres können diese als Ausgangsbasis für tiefgreifende Änderungen in den Bereichen Teamaufbau, Umgang mit Streß, Arbeitsmoral, Kundenservice sowie Gesamtproduktivität und -rentabilität dienen.

Freuen Sie sich gemeinsam mit Ihren Mitarbeitern!

KAPITEL 3

Wie schafft man
ein geeignetes Umfeld für Spaß?

Ich erinnere mich an eine heftige Auseinandersetzung, die ich vor Jahren, es war noch während meines Studiums, mit meiner damaligen Freundin hatte. Es handelte sich um einen wilden Streit, der eine solche Wut in mir hervorrief, daß ich beim Weggehen die Schlafzimmertür hinter mir zuknallte. Im Vorbeigehen knallte ich dann die Badezimmertür zu und zum Drüberstreuen auch noch die Schranktür. Als ich das Haus verließ, knallte ich schließlich noch die Eingangstür zu, und zwar besonders heftig.

Ich stieg in meinen Wagen, ließ den Motor aufheulen, und für den Fall, daß meine Freundin noch lauschte, knallte ich auch die Autotür zu. Dann fuhr ich mit quietschenden Reifen los. (Ich glaubte, meinem selbstgerechten Zorn mit Kraft Ausdruck zu verleihen; sie dachte wahrscheinlich, ich benähme mich wie ein jähzorniger Zweijähriger, wenn man davon ausgeht, daß ein Zweijähriger Türenknallen und Autofahren kann.)

Als ich die Straße entlangfuhr, spielte ich unseren Streit im Geiste immer wieder durch. Ich dachte darüber nach, wie recht ich doch hatte und wie unrecht sie hatte. Ich schlug mit der Faust auf das Lenkrad (so wütend war ich!). *Nichts* konnte mich dieser miserablen Stimmung entreißen.

Dann sah ich diesen Burschen auf dem Motorrad auf mich zukommen. Er war als *Weihnachtsmann* verkleidet! Ich starrte auf die dämliche rote Mütze und den angeklebten Rauschebart, der im Wind wehte, und konnte mich nicht mehr beherrschen. Ich begann haltlos zu lachen. Als ich endlich wieder Luft bekam, wurde mir klar, daß ich gar nicht über den Weihnachtsmann lachte – ich lachte über mich selbst, darüber, daß ich mich wie ein Zweijähriger benommen hatte.

Der Anblick des Weihnachtsmannes auf einem Motorrad war ein Geschenk, ein Zeichen, die schlechte Laune abzulegen, die Trotzreaktion zu beenden und mich wie ein Erwachsener zu benehmen. Es sollte mir als Denkanstoß dafür dienen, daß nur sehr wenige Angelegenheiten jemals so ernst sind, wie sie zunächst scheinen.

Wir alle brauchen Lachen und Spiel in guten Zeiten, in Zeiten, in denen sich die Dinge für uns gut entwickeln. Mindestens ebenso nötig, wenn nicht sogar noch nötiger, haben wir die Heilkraft von Lachen und Spiel jedoch in Zeiten, in denen wir unter Streß und Druck stehen. Die Gegebenheiten in Ihrem Büro können Ihnen als Anstoß dazu dienen, sooft wie möglich die Ergebnisse Ihrer Arbeit mit Ihren Kollegen zu feiern. In Zeiten von Streß und Anspannung können Sie vielleicht durch etwas in Ihrem Arbeitsumfeld daran erinnert werden, kürzer zu treten oder eine bestimmte Sache leichter zu nehmen. Sie haben ganz bestimmt schon streßgeladene Zeiten erlebt und werden wieder solche erleben, aber eine so simple Sache, wie zum Beispiel Ihren Lieblings-Cartoon am Eiswasserautomaten aufzuhängen, ist schon ein erster Schritt in die richtige Richtung, nämlich dahin, den Weihnachtsmann-Effekt ins Büro zu bringen.

Charmaine Silverstein, die Büroleiterin von *Playfair,* hat eine ganze Wand ihres Büros mit Schnappschüssen von *Playfair*-Mitarbeitern aus den letzten Jahren, die diese bei Feiern an verschiedenen Schauplätzen zeigen, tapeziert. Die Leute kommen gern in Charmaines Büro und stellen Fragen über die einzelnen Bilder. „Es wäre toll, wenn wir alle einen Abzug dieser Bilder bekämen", bemerkte ein *Playfair*-Mitarbeiter, als er Charmaines Gedenkwand bewunderte. Diese Bemerkung gab den Anstoß zur

Gestaltung des *Playfair*-Wandkalenders, in den viele Fotos von Charmaines Wand aufgenommen wurden. Der mittels Computer gestaltete Kalender zeigte Babybilder der gesamten Belegschaft, welche entsprechend den jeweiligen Geburtstagen positioniert wurden, sowie bedeutende Daten aus der Geschichte des Unternehmens. Für jeden Monat war ein Blatt vorgesehen mit Portraits von Mitarbeitern, die beim Herumalbern fotografiert worden waren, oder mit einer Collage von Fotos besonderer Ereignisse in der Firmensaga, zum Beispiel „*Playfair* in den 70er Jahren".

Wie die Fotos an Charmaines Bürowand so eindrucksvoll demonstrieren, sind Bürowände der nächstliegende Platz, an dem man mit der Umgestaltung des Arbeitsumfeldes beginnen kann. Führen wir uns das Beispiel der Werbeagentur-Managerin Susan Einstein Schwartz vor Augen. Eines Tages saß Susan in ihrem Büro, starrte auf die leeren Wände und wartete auf einen guten Einfall. Sie nahm einen Bleistift und spielte damit herum. In einem Anfall kreativer Inspiration befestigte sie den Bleistift (engl. *pencil*) mit Klebestreifen an einer Wand in ihrem Büro und schrieb darunter „Pencilvania".

Dann begann sie, ihre übrige Bleistiftsammlung durchzusuchen. Schlag auf Schlag hatte sie einen kurzen, spitzen Bleistift („Pithy Pencil" = prägnanter Bleistift) befestigt, dann einen Bleistift, an den sie ein Stück Schnur band („Prehensile Pencil" = leicht greifbarer Bleistift), sowie einen Kugelschreiber („Fake Pencil" = falscher Bleistift). Sie zeichnete ein Gesicht und befestigte einen Bleistift über dem Mund („Pencil-Thin Moustache" = bleistiftdünner Schnurrbart), dann zeichnete sie ein weiteres Gesicht und befestigte zwei Bleistifte oberhalb der Augen („Eyebrow Pencil" = Augenbrauenstift). Sie zeichnete wieder ein Gesicht, aus dessen Mund ein Bleistift ragte („Pencilectomy" = Bleistiftentfernung), und füllte ein Pillenfläschchen mit Spitzabfällen („Pencilcillin" = Bleistift[peni]cillin).

Besucher, die in ihr Büro kamen, lieferten nach und nach ebenfalls Beiträge, wie zum Beispiel einen abgebrochenen Bleistift („Pencil Missing the Point" = Bleistift, bei dem die Spitze fehlt bzw. der das Ziel verfehlt), einen Bleistift mit Radiergummis an beiden Enden („Pencil in Search of a Good Therapist" = Bleistift auf der Suche nach einem guten Therapeuten) usw., bis die Sammlung an ihrer Wand über 50 verschiedene Kreationen umfaßte.

„Dieser Job hier ist Terminarbeit, und Werbetexter müssen auf Befehl produzieren", sagt Susan. „Immer wenn ich zu meiner Bleistiftsammlung hinaufsehe, werde ich daran erinnert, daß die Eingebung praktisch von überall herkommen kann und daß das Schreiben keine Qual sein, sondern Freude machen sollte, gleichgültig, welchem Druck wir hier ausgesetzt sind."

Ihre ganz persönliche Version des Weihnachtsmann-Effekts muß nicht an markanter Stelle an der Wand hängen, wichtig ist nur, daß sie Ihnen dann nützt, wenn Sie sie am meisten brauchen. Ritch Davidson von *Playfair* hat eine Art Mini-Music-Boxen entdeckt, die er an der Innenseite der WC-Papierrollen in den Bürotoiletten angebracht hat. Jedesmal, wenn jemand am WC-Papier zieht, spielt die Mini-Music-Box eine bekannte Melodie, wie die amerikanische Hymne, „Somewhere Over the Rainbow" oder „When the Saints Go Marching In".

„Ich finde das lustig, und die anderen Leute im Büro haben mich dazu ermutigt, immer wieder andere Melodien einzusetzen", meint Ritch. „Gleichgültig, wie oft die Leute in unserem Büro die Melodien hören, entlocken ihnen diese jedesmal ein Lächeln. Allerdings", räumt er ein, „gibt es dabei – so hätten ihm Gäste, die die Toilette benützten, versichert – ein Problem, nämlich daß sie, wenn sie unvermutet die amerikanische Hymne hörten, das Gefühl hätten, aufstehen und salutieren zu müssen!"

In einer mit scheinbar nicht endenwollenden Verpflichtungen und Druck vollgepackten Arbeitswelt kann in der Hitze des Gefechts der Humor am Arbeitsplatz oft abhanden kommen. Wenn Sie Spaß am Arbeitsplatz an einen der unteren Ränge der Prioritätenliste setzen und als etwas betrachten, dem man sich nach Erledigung der „seriösen" Arbeiten widmet, dann wird es vielleicht nie dazu kommen.

Suchen Sie sich etwas, was Sie daran erinnert, daß es wieder einmal Zeit ist, für ein wenig Spaß zu sorgen. Schaffen Sie sich einen „Aufhänger", mit dem nur Sie selbst etwas anfangen können, und befestigen Sie ihn an der Wand. In meinem Büro habe ich einen Spiegel hängen, dessen Rahmen aus einem mit roten Federn vollgesteckten Tennisracket besteht. Immer wenn ich von meinem Schreibtisch aufblicke und darin mein sorgenvolles Gesicht, umrahmt von diesen lächerlichen roten Federn, sehe, denke ich daran, daß ich mich entspannen und etwas Spaß haben sollte. Es ist ein Wink mit dem Zaunpfahl, daß ich aufhören soll, mich selbst so ernst nehmen.

Auch Sie können einen Weg finden, um den Weihnachtsmann Jahr und Tag auf seinem Motorrad durch Ihr Büro fahren zu lassen! Hier finden Sie einige Vorschläge dazu.

EINMAL PRO WOCHE: 52 WEGE ZU SPASS AM ARBEITSPLATZ

 Hängen Sie Babyfotos auf

Playfair arbeitete einmal mit einem Reisebüro für Abenteuerreisen, in dem sämtliche Angehörigen der Führungsebene gebeten wurden, Babyfotos von sich mit ins Büro zu bringen. Diese wurden dann an das Schwarze Brett geheftet. Jeder hatte beim Betrachten der Bilder seinen Spaß und mußte darüber lachen, und man versuchte herauszufinden, aus welchem Baby welcher Abteilungsleiter geworden war. Jedem weiblichen Besucher dieses Reisebüros wurde unweigerlich die Frage gestellt: „Wollen Sie vielleicht ein Nacktfoto des Vorstandsvorsitzenden sehen?"

Den Mitarbeitern dieses Unternehmens bedeuteten die Baby-fotos weit mehr als der Umstand, daß diese lustig waren. Sie sagten etwas sehr Wichtiges über das Wesen des Unternehmens aus, das sinngemäß etwa folgendermaßen zusammengefaßt werden könnte: „Ja, in unserem Unternehmen besteht eine Hierarchie mit verschiedenen Verantwortungsbereichen und Regeln, die wir im Umgang miteinander einhalten. Dahinter steht jedoch noch die Idee, daß jeder in dieser Firma seine Laufbahn einmal als kleines, unbeholfenes Baby begonnen hat." Einem Unternehmen mit einer solchen Einstellung fällt es nicht schwer, am Arbeitsplatz sehr rasch einen Sinn für Gemeinschaft zu entwickeln.

Sind keine Babybilder vorhanden, so können Sie versuchen, dieses Grundkonzept entsprechend abzuändern. Die Mitarbeiter des Krankenhauses *Charleton Memorial Hospital* in Fall River, Massachusetts, wurden ersucht, Bilder ihrer Haustiere mitzubringen. Die verschiedenen Versuche, zu erraten, welches Tier wem gehörte, gaben viel Anlaß zu Heiterkeit, und in manchen Fällen war es nicht schwierig, da Tier und Besitzer sich äußerst ähnlich sahen! Einer der Krankenpfleger brachte ein Foto, auf dem man seinen Daumen und Zeigefinger aneinandergepreßt sah, und hängte es neben all die anderen Tierfotos an das Schwarze Brett. Wenn er von verdutzten Arbeitskollegen gefragt wurde, was das denn bedeuten sollte, antwortete er: „Das ist ein Foto meines Hausflohs!"

2 Schaffen Sie eine streßfreie Zone

Die *Brookstar Corporation*, eine Zulieferfirma für die Autoindustrie in Troy, Michigan, richtete eine „streßfreie Zone" im Eingangsbereich, gleich neben der Tür zum großen Konferenzsaal, ein. Zuerst bestand die Zone, welche als eine Art Rückzugsmöglichkeit zum kreativen Denken gedacht war, nur aus einer Hängematte und einer aufblasbaren Palme. Dazu kam später der „Streßabbausack", ein großer, aufblasbarer Sandsack, der zur Hälfte mit Sand gefüllt war. „Wenn wieder einmal keine Entscheidung getroffen werden konnte, kamen die Leute aus dem Konferenzsaal gerannt und droschen so sehr auf den Sack ein, daß er beinahe platzte", weiß der Verkaufsleiter Clyde Willetts zu berichten.

3 | Sammeln Sie Erinnerungsstücke

Nachdem der Verkaufsmanager für Papierwaren, Sal Minetta, durch einen unerwarteten Telefonanruf aufgehalten worden war, blieb nur noch sehr wenig Zeit, um zu einem wichtigen Kundengespräch zurechtzukommen. Als er endlich vor dem Gebäude eintraf, fuhr er um den Häuserblock und suchte nach einem Parkplatz. Er fuhr das zweite Mal um den Häuserblock – doch wieder vergebens.

Sal geriet in Panik. Er wußte, wenn er nicht rasch etwas unternahm, wäre sein Teil der Präsentation noch vor seinem Eintreffen gelaufen. Er begann zu schwitzen.

Plötzlich kam ihm eine Idee. Er stellte den Wagen in einer Parkverbotszone ab und sprang aus dem Auto. Dann kritzelte er rasch etwas auf einen Zettel, steckte ihn an die Windschutzscheibe und rannte zu seiner Besprechung. (Auf Sals Zettel stand: „Dies ist ein extremer Notfall. Ich schwöre, ich bin in 15 Minuten wieder zurück und fahre den Wagen weg!")

Sal kam gerade zum Beginn der Besprechung zurecht. In ihrem Verlauf starrte er immer wieder auf seine Uhr und registrierte jede abgelaufene Minute. Er wußte um die Bedeutung seines Berichtes für die Besprechung. Er riß sich zusammen, um dem Gespräch aufmerksam zu folgen, während er auf den geeigneten Augenblick wartete, den Gesprächsfaden aufzunehmen und seine Ergebnisse darzulegen; seine Gedanken wanderten jedoch alle paar Minuten zurück zu seinem Auto. So sehr er sich auch auf die laufende Diskussion zu konzentrieren versuchte, seine Gedanken kreisten ständig um das Schicksal seines Wagens, der im Parkverbot stand und förmlich darum bettelte, abgeschleppt zu werden. Als zwölf Minuten verstrichen waren und der Zeitpunkt für seinen Bericht noch immer nicht gekommen war, entschuldigte sich Sal und verließ die Besprechung im Laufschritt.

Zu spät! Unter seinem Zettel steckte bereits ein Strafzettel. Sal riß ihn wütend von der Windschutzscheibe, merkte dann aber, daß der Polizist etwas zu seinem leidenschaftlichen Plädoyer hinzugefügt hatte. In großen Lettern stand geschrieben: „LASSEN SIE SICH ZEIT!"

Die Lektion, die er daraus gelernt hatte, stammte aus einer untypischen Quelle, dennoch war sie für ihn wichtig und verfehlte ihre Wirkung nicht. Sie lautete: „Tritt kürzer, nimm es leichter, LASS DIR ZEIT'!"

Sal steckte den Zettel zusammen mit einer Kopie des Strafzettels in einen Rahmen. Dieser hängt nun als wertvolles Souvenir, als Erinnerung daran, daß nichts so dringend ist, wie es gerade den Anschein haben mag, in seinem Büro.

Nun, wo Sie wissen, was mit dem Sammeln von Erinnerungsstücken aus dem Berufsalltag gemeint ist, wird es Ihnen sicherlich gelingen, in dieser Woche zumindest ein Andenken an eine brenzlige Situation, die sich in Wohlgefallen aufgelöst hat, zu finden und es an markanter Stelle in Ihrem Büro zur Schau zu stellen. Es wird Ihnen dabei helfen, sich den Weihnachtsmann-Effekt in Erinnerung zu rufen. Halten Sie sich vor Augen, daß Sie weder sich selbst noch Ihrem Unternehmen einen Gefallen erweisen, wenn Sie sich in stressigen Momenten jedesmal selbst in Panik versetzen. Denken Sie also darüber nach, welcher Bereich des Büros diesen Denkanstoß am nötigsten hat. Welcher Bereich Ihres Arbeitsumfeldes beschert Ihnen die größte Anspannung? Was würde sich an Ihrer Wand gut ausnehmen?

 ## Horchen Sie auf die „Bewußtseinsklingel"

Im Sommer nahmen meine Frau Geneen und ich einmal an einem Seminar für Bewußtseinsbildung in Plum Village, einem Seminarzentrum in Südfrankreich, teil. Das Seminar wurde von Thich Nhat Hanh, einem buddhistischen Mönch aus Vietnam, der von Martin Luther King für den Friedensnobelpreis nominiert worden war, geleitet. Ich hoffte, daß ich mit Hilfe seiner Lehren lernen würde, meine hektische Lebensweise in den Griff zu bekommen.

Thich Nhat Hanh lehrte Bewußtseinstraining. Dieses basiert auf der Theorie, daß die meisten Leute, wobei ich mich keineswegs ausnehmen will, den Großteil ihres Lebens damit verbringen, über die Sorgen der Vergangenheit nachzudenken oder Zukunftspläne zu schmieden, während sie sich sehr selten mit der unmittelbaren Gegenwart beschäftigen. Geneen und ich lernten in diesem Seminar, innezuhalten und dem Augenblick unsere volle Aufmerksamkeit zu schenken. Am meisten faszinierte mich dabei die Technik, auf das Läuten des Telefons als „Bewußtseinsklingel" horchen zu lernen.

Immer wenn das Telefon klingelte, sollten alle 175 Seminar-teilnehmer in ihrer jeweiligen Beschäftigung innehalten, einat-men, ausatmen und das Telefon dreimal klingeln lassen. Nach dreimaligem Läuten sollte derjenige, der sich am nächsten zum Telefon befand, den Hörer abnehmen.

Zweck dieser Übung war es, zu veranschaulichen, daß das rasende Tempo unseres modernen Lebens uns lediglich davon ab-hält, den Augenblick zu leben. Wenn wir jedesmal beim Läuten des Telefons aufspringen, um das Gespräch entgegenzunehmen, leben wir unser Leben abseits vom Mittelpunkt und im Ungleich-gewicht. Thich Nhat Hanh erklärte uns jedoch, daß uns das Klingeln des Telefons, wenn wir es nur wollten, in ganz anderer Weise zweckdienlich sein könne.

Stellen Sie sich einen typischen Tagesablauf vor: Bedauern über Vergangenes und Zukunftssorgen lenken Sie ab. Stellen Sie sich sodann vor, daß plötzlich aus dem Nichts heraus ein lauter Gong ertönt, der Sie Ihrer Sorgen entreißt und Sie zurück in den Augenblick führt. Genau das sollte das Telefon in Plum Village be-zwecken. Bei jedem Klingeln blickte ich in die Runde und sah jeden in seiner augenblicklichen Beschäftigung innehalten, tief atmen und lächeln. Daraufhin mußte auch ich lächeln. Dies ver-half mir zur Einsicht, daß der gegenwärtige Augenblick tatsäch-lich ein wunderbarer Augenblick sein kann, wenn ich dies nur zulasse.

Als ich von diesem Seminar an meinen Arbeitsplatz zurück-kehrte, faszinierte mich der Gedanke, die Idee mit der „Bewußt-seinsklingel" dort einzubringen. Bald wurde mir jedoch klar, daß wir das Telefon unmöglich dreimal klingeln lassen konnten. Wenn wir das zu oft machten, würden unsere Kunden wahr-scheinlich glauben, daß es unser Unternehmen gar nicht mehr gibt. Mir gefiel jedoch die Idee, das Klingeln des Telefons als per-sönlichen Denkanstoß zu benützen, um innezuhalten und mich zu besinnen. Also beschloß ich, immer wenn es auf Leitung 4 der Telefonanlage klingelte, meine momentane Beschäftigung zu unterbrechen, mich geistig zu entspannen und auf das Klingeln zu horchen, bis jemand das Gespräch annahm. Da keiner der Anrufe auf Leitung 4 für mich bestimmt war, empfand ich es auch nicht als störend, das Telefon läuten zu lassen, und erst dann, wenn jemand abgehoben hatte, meine vorherige Tätigkeit wieder aufzunehmen.

Mir fiel auf, daß ich dabei immer lächeln mußte. Diese wenigen Augenblicke der Besinnung wirkten sich wahrhaft günstig auf meinen Geisteszustand aus. Ich war einigermaßen stolz darauf, daß ich eine Möglichkeit gefunden hatte, die Bewußtseinsklingel in der Praxis anzuwenden – bis zu meinem Gespräch mit Arnie Kotler. Arnie ist Herausgeber der *Parallax Press* in Albany, Kalifornien, und hatte das Seminar in Plum Village ebenfalls besucht. Allerdings spann er die Idee mit der Bewußtseinsklingel nach seiner Rückkehr ins Büro wesentlich weiter als ich. Einen Monat lang experimentierten Arnie und seine Mitarbeiter mit einem System, das auf zweimaligem Telefonklingeln basierte. Während dieser Zeitspanne sollte jedes Gespräch verstummen und jede Tätigkeit ruhen.

Da in diesem Büro üblicherweise große Hektik herrschte, erklärte Arnie seinen Mitarbeitern, daß diese Übung ihnen zu einem besseren Dienst am Kunden verhelfen würde. Wenn sie ruhiger und konzentrierter wären, so überlegte er, würden sie mit allen, die ihrer Aufmerksamkeit bedurften, angefangen von Telefonanrufern bis hin zum Boten des Paketdienstes, effizienter umgehen.

Ich fragte Michael Gardiner, den Innendienstleiter bei *Parallax Press,* wie die Anweisungen gelautet hatten, die Arnie Kotler seinen Mitarbeitern bei der Vorstellung des Konzeptes gegeben hatte. „Was genau hat er Ihnen aufgetragen? Was sollten Sie tun, wenn das Telefon klingelt?" fragte ich Michael.

Michael sah mich überrascht an. „Was er uns aufgetragen hat?" wiederholte er. „Gar nichts. Wir mußten nicht lernen, irgend etwas zu tun, wenn das Telefon klingelte. Wir mußten eher lernen, *nichts* zu tun!"

Wenn Ihr Arbeitstag mehr als ausgefüllt ist, sollten Sie sich überlegen, in der gleichen Zeit eher weniger als mehr zu tun. Wenn Sie weniger tun, sind Sie in der Lage, die zur Erbringung einer guten Leistung erforderliche Zeit und Umsicht aufzubringen, und schaffen daneben noch ein produktiveres, fruchtbareres Arbeitsumfeld für sich selbst und für Ihre Mitarbeiter. Eine ruhige, anregende Atmosphäre verbessert die Qualität Ihrer Leistung und erhöht damit natürlich auch den Wert Ihrer Gesamtleistung gegenüber Ihren Kunden.

Die schwierigste Lektion im Geschäftsleben ist manchmal, zu lernen, etwas nicht zu tun.

....

EINMAL PRO WOCHE: 52 WEGE ZU SPASS AM ARBEITSPLATZ

....

5 Zahlen Sie auch für den Wagen dahinter

Die *Playfair*-Organisation hat ihren Sitz in Berkeley, Kalifornien. Um von unserem Büro aus nach San Francisco zu gelangen, müssen wir eine Brücke, die *Oakland Bay Bridge,* überqueren. Dabei haben wir uns eine ungewöhnliche Vorgangsweise angewöhnt: Wenn ein *Playfair*-Mitarbeiter in der Dienstzeit über die Brücke fährt, pflegt das Unternehmen die Mautkosten in Höhe von einem Dollar zu ersetzen, zahlt aber auch den Mautdollar für den Wagen dahinter.

Dieser zusätzlich investierte Dollar birgt für die *Playfair*-Mitarbeiter einen ungeheuren Unterhaltungswert und sorgt für Überraschung bei dem Unbekannten im nachkommenden Wagen. Beide Fahrer leben augenblicklich auf, und eine ansonsten langweilige Alltagssituation wird plötzlich zu einem aufregenden Ereignis. Der Empfänger passiert die Mautstelle gratis, während der *Playfair*-Mitarbeiter sich unmittelbar vor die Wahl gestellt sieht, entweder weiterzufahren, als ob nichts Besonderes geschehen sei, oder das Tempo zu verlangsamen und mit dem anderen Fahrer kurz Blickkontakt aufzunehmen.

Manchmal gibt der Hintermann Gas, um den *Playfair*-Mitarbeiter einzuholen und seinen Wohltäter aus der Nähe zu sehen. Sein verdutzter Gesichtsausdruck, wenn er bemerkt, daß der Fahrer im *Playfair*-Wagen ihm völlig unbekannt ist, ist nicht mit Geld aufzuwiegen. Obwohl diese Begegnung beim anderen Fahrer unter Umständen restlose Verwirrung hervorgerufen hat, hat er nun eine spannende Geschichte zu erzählen.

Fran Solomon von *Playfair* überkommen immer gemischte Gefühle, wenn sie die Maut für ein Ehepaar hinter ihr bezahlt. Sie zahlt ihre eigene Maut, dann die Maut für das Ehepaar, und dann fährt sie so schnell wie möglich davon, damit das Ehepaar sie nicht einholen kann. Sie muß sich allerdings immer wieder vorstellen, wie im Wagen hinter ihr Worte fallen wie: „Mildred, ich schwöre dir, ich habe diese Frau in meinem ganzen Leben noch nie gesehen!"

Auch bei unseren Kunden ist diese Idee sehr gut angekommen. „Gestern abend kam ich zur Mautstelle", schrieb uns Nancy Wellinghoff, die Expertin für Öffentlichkeitsarbeit des *Hospice of Southwest Florida*, „als mir einfiel, daß Sie gemeint hatten, man solle die Maut für die Person dahinter bezahlen. Die Aussicht auf mein erstes ‚Mautabenteuer' versetzte mich in Spannung. Mit strahlendem Lächeln drückte ich dem Mautkassier rasch den doppelten Betrag in die Hand und erklärte ihm, ich würde auch für den Nächstkommenden bezahlen. Verdutzt sah er mich aus seiner Koje heraus an und meinte: ‚Aber, Madam, hinter Ihnen ist niemand!'"

Nancy änderte ihre Anweisung natürlich auf „den nächsten, der vorbeikommt" ab und mußte herzlich über sich selbst lachen. Schließlich weiß man auch mit den besten Absichten nie, was letztendlich dabei herauskommt. Ich fuhr einmal über die *Bay*

Bridge, als ich kurz vor der Mautstelle im Rückspiegel bemerkte, daß sich zwei Männer in einem weißen BMW hinter mir einreihten. „Sehr gut", dachte ich bei mir, „diesen beiden werde ich zu einem kleinen Spaß verhelfen!" Also sagte ich zu der Mautkassierin: „Dieser Dollar ist für mich, und der hier ist für den Wagen hinter mir." Dann fuhr ich langsam weg, wobei ich folgende Szene im Rückspiegel betrachtete: Die Mautkassierin nahm meine zwei Dollar, legte einen davon in ihre Handkassa und steckte den anderen Dollarschein in die eigene Tasche! Anschließend kassierte sie in aller Gemütsruhe einen Dollar von dem BMW-Fahrer und gab den beiden das Zeichen, weiterzufahren.

Als die Mautstelle in der Ferne verschwand, wich mein Schock einem herzlichen Lachen. Ich habe schon immer viel davon gehalten, Leuten, die nicht mit Trinkgeld rechnen, spontan etwas zuzustecken, beispielsweise Schalterbeamten in Banken, Busfahrern oder Flugbegleitern, wenn sie das Essenstablett wegtragen. Allerdings war mir niemals in den Sinn gekommen, an der Mautstelle Trinkgeld zu geben. Über den Umstand, daß ich soeben zum ersten Mal einer Mautkassiererin Trinkgeld gegeben hatte, und zwar gegen meinen Willen, konnte ich nur lachen. Später habe ich oft und in vielen verschiedenen Städten einem Mautkassier zur Erinnerung an dieses erste Mal Trinkgeld gegeben.

6 | Tun Sie etwas Unerwartetes

In der Arbeitswelt ließe sich das „Zahlen für den Wagen dahinter" vielleicht damit vergleichen, „eine spontane Handlung zu setzen, etwas von der Norm Abweichendes zu tun, das den Arbeitskollegen zugute kommt". Wenn Howard Bronstein im medizinischen Behandlungszentrum, in dem er tätig war, die Nachtdienstaufsicht innehatte, pflegte er sein Walkie-Talkie in eine Handpuppe zu stecken und diese an einem stärker frequentierten Platz irgendwo im Gebäude liegenzulassen. Wenn seine ahnungslosen Kollegen an der Puppe vorbeigingen, begann Howard vom Nebenraum aus, wo er Posten bezogen hatte, ein Gespräch mit ihnen. „Das weckte sie wirklich auf", meinte Howard. „Mit Ausnahme der paar Leute, die daran vorbeigingen und taten, als bemerkten sie nichts, blieben fast alle stehen und unterbrachen ihre momentane Tätigkeit, um eine Weile mit der Puppe zu reden. Einmal fand einer, die Puppe sei eine so lustige Idee, daß er ein paar Freunde mitbrachte, um sich dort ein wenig zu unterhalten. Innerhalb kürzester Zeit versammelte sich eine Menschenmenge um die Puppe, und der gesamte Bereich erwachte zu neuem Leben."

Bevor Howard die sprechende Puppe ganz aus dem Verkehr zog, gewährte er ihr noch einen letzten Auftritt, und zwar zu Weihnachten … in Form eines sprechenden Christbaums: „Hallo, was ist los, du gehst hier vorbei und legst mir gar keine Geschenke zu Füßen? Komm gefälligst zurück!"

Das damit üblicherweise einhergehende Lachen und der Spaß daran sind nicht das eigentliche Ziel einer solchen Geste; vielmehr handelt es sich dabei eher um ein vergnügliches Nebenprodukt. Lachen und Spiel haben hier keinen Selbstzweck, sondern sind ein Mittel zum Zweck, eine Methode, das Arbeitsumfeld wachzurütteln.

Spontanes Handeln im Alltag kann außerordentlich nützlich sein: Unter anderem kann man damit seinen Arbeitskollegen wie auch sich selbst eine andere Sichtweise der ewig gleichen und nur allzu bekannten Vorkommnisse vermitteln. Ganz plötzlich sieht dann eine ganz normale Situation *anders* als üblich aus, und jeder schenkt ihr mehr Beachtung.

Spontane Handlungen, mit denen niemand rechnet, werden Ihre Mitarbeiter und Kollegen mit Sicherheit aus ihrem Alltagstrott herausreißen, was Ihnen die Gelegenheit verschafft, sie auf wenig vertrautem Territorium anzutreffen – im gegenwärtigen Augenblick. Mit Spontanaktionen machen Sie den Leuten in Ihrer Umgebung ein seltenes Geschenk: Sie erinnern sie daran, daß Leben Bewegung, nicht Stillstand bedeutet, daß der gegenwärtige Augenblick anders sein kann als alle Augenblicke davor und danach; daß das Leben genau in diesem Augenblick ein wenig geheimnisvoll ist – und daß das Leben Spaß macht.

 7   **Dekorieren Sie eine Koje**

Hector Jamello ist Systemanalytiker in leitender Stellung in der Abteilung für Informationssysteme eines großen Telekommunikationsunternehmens. „Die Atmosphäre, die in meinem Unternehmen herrscht, ist wenig einladend", weiß Hector zu berichten. „Jedesmal, wenn auf dem Gang Lachen zu hören ist, stürzt einer der Top-Manager aus seinem Büro heraus, um uns in die Schranken zu weisen. Das Management hier agiert nur auf kurze Sicht, es versteht nur, uns ruhigzuhalten, durchschaut jedoch nicht die langfristigen Konsequenzen seines Handelns. Die Manager begreifen nicht, daß sie die Arbeitsmoral zerstören, daß sich die Produktivität im ganzen Unternehmen durchweg nach unten bewegt, und zwar aufgrund der Art und Weise, wie sie uns behandeln.

Ich habe mit dem für unseren Bereich zuständigen Abteilungsleiter gesprochen und ihm zu verstehen gegeben, daß wir echte Probleme mit der Arbeitsmoral hätten, merkte aber anhand seiner Reaktion, daß er sich damit nicht beschäftigen wollte. Seine Lösung sah so aus, daß er zu einigen Angestellten ging und fragte: ‚Wie geht es Ihnen? Alles in Ordnung? Gibt es Probleme?' Was konnte er sich davon erwarten, noch dazu, wo dies im laufenden Halbjahr das erste Mal war, daß er mit diesen Leuten überhaupt redete? Dachte er wirklich, daß sie ihm die Wahrheit sagen würden? Wohl kaum! Und natürlich behaupteten alle, daß alles in bester Ordnung sei und es keinerlei Probleme gäbe. Jetzt findet er es vollends gerechtfertigt, seinen Kopf wieder in den Sand zu stecken.

Es hat Zeiten gegeben, in denen man mit dem Vorstandsstellvertreter gut reden konnte, aber seit wir hier einen neuen Vorstand haben, verhält auch er sich anders. Der frühere Vorstand pflegte durch den Betrieb zu gehen und mit den Leuten zu reden; er hielt uns sogar dazu an, ihn beim Vornamen zu nennen.

Bei unserem neuen Vorstand ist das undenkbar. Wenn es einem von uns überhaupt gelingt, zu ihm vorzudringen, spricht ein Ausdruck des Widerwillens aus seinem Gesicht. Er sieht einen an, als ob er sagen wollte: ‚Ein Tagelöhner wagt es, mich anzusprechen! Einer hat mich sogar angefaßt – ich muß zum Vorstands-WC eilen und mir die Hände waschen!'"

Als ich Hector fragte, wie sein Büro eingerichtet und ausgestattet sei, lachte er laut auf und erzählte mir, daß er in einem in lauter Kojen unterteilten Raum arbeite. „Die jüngeren Leute in unserer Firma nennen sie KMS", erklärte er mir.

„KMS?" fragte ich.

„Ja, Kälbermastställe! Nicht gerade die beste Umgebung, um Spaß zu haben."

Mit Hilfe genau dieser KMS gelang es Hector jedoch, kreativ zu werden und sein Arbeitsumfeld kurzweiliger zu gestalten. Beispielsweise kam er eines Abends – es war der Abend vor dem Geburtstag seiner mit ihm befreundeten Kollegin Mary – ins Büro und verwandelte ihre Koje in den fiktiven Tatort eines Verbrechens. Er verwendete dieselben Bänder wie die Polizei, um den Bereich abzuriegeln, zeichnete die Umrisse des Opfers auf dem Boden mit Kreide nach und klebte den Eingang zu ihrer Koje mit gelbem Klebestreifen mit der Aufschrift: „Tatort eines Verbrechens – Betreten verboten!" zu. Als Mary am nächsten Morgen zur Arbeit erschien, mußte sie die Klebestreifen aufreißen, um an ihren Arbeitsplatz zu gelangen. Dort entdeckte sie ein Plakat, auf dem groß WANTED prangte, darunter ihr Portrait in Form eines Polizei-Archivfotos, und daneben waren die zahlreichen „Verbrechen" der Firma gegenüber detailliert aufgelistet (darunter Kapitalverbrechen wie das Abhalten nicht genehmigter Besprechungen auf dem Gang, zu häufiges Aufsuchen des Eiswasserautomaten und der vergessene Geburtstag eines Kollegen).

Hector versteckte über 50 Geburtstagsbillets in Marys Arbeitsbereich. Er klebte welche an die Unterseite ihres Stuhls, nahm Bücher von den Bücherregalen, um die Billets darin und dahinter zu verstecken. Er warf einige hinter den Aktenschrank, schob welche unter ihren Computer und schwindelte sie in Projektunterlagen hinein. Mary brauchte fast einen Monat lang, um den Großteil der Billets zu finden. Lange Zeit später fand sie im Zuge der Übersiedlung in ein anderes Büro noch immer einige der versteckten Billets. „Ein oder zwei davon hat sie noch immer nicht gefunden", kichert Hector, „aber eines Tages, wenn sie alte Ordner durchstöbert …"

Den ganzen Tag lang kamen Angestellte von anderen Abteilungen, um den Schauplatz des Verbrechens zu besichtigen und mit Mary darüber zu scherzen. Die positive Reaktion darauf inspirierte Hector zu noch wesentlich ausgefeilteren Aktionen.

Seine ebenfalls mit ihm befreundete Kollegin Linda wohnte auf einer Farm und erzählte oft von ihren Kühen, die ihre Lieblingstiere waren. Häufig trug sie T-Shirts mit Abbildungen von Kühen, und die auf ihren Kaffeetassen abgebildeten Kühe machten bereits eine ganze Herde aus. Anläßlich Lindas Geburtstag verwandelte Hector ihre Koje in eine Scheune und stellte eine riesige, aufblasbare Kuh vor den Eingang. Lindas Stuhl ersetzte er durch einen Ballen Heu. Sein Geburtstagsgeschenk an sie war ein Wecker mit Kuhgemuhe. Die übrigen Arbeitskollegen brachten Cowboyhüte und Westernkleidung mit und stellten sich mit ihr zusammen für ein Geburtstagsfoto neben dem lachenden Kuhkopf auf.

Hectors Meisterwerk war jedoch zweifelsohne die „Grabstätte", welche er für Marguerite – die „Königin der Wählscheibe", die berühmt-berüchtigt dafür war, daß sie stundenlang am Telefon hing – gestaltete. Hector errichtete über ihrer Koje eine vierseitige Pyramide aus Pappe, welche auch noch über etliche andere Kojen reichte. Dann tapezierte er die Wände mit großen Bgen Pergamentpapier, auf das er ägyptische „Hieroglyphen" gemalt hatte.

Hector fand ein aufblasbares Kinderboot, das wie ein Sarkophag aussah, und legte es quer über Marguerites Schreibtisch. Er stellte tönerne Urnen an den Eingang zu ihrem Büro und stattete dieses mit Spielzeugtelefonen aus Plastik, die er irgendwo aufgetrieben hatte, aus. Diese sollte sie als „Schätze" in ihr kommendes Leben mit hinübernehmen. Er brachte ein Picknick mit allen Schikanen mit und verteilte die Platten in der ganzen Koje. Schließlich sollte sie im nächsten Leben etwas zu essen haben.

Außerdem zeichnete Hector eine Karte der Pyramiden, die auch die neben Marguerites Büro befindlichen Kojen umfaßte. Auf der Karte waren Marguerites Grabstätte und die daneben befindlichen Gräber eingezeichnet, wobei sein eigenes Büro als „Büro des Großen Pyramidenbauers" beschrieben war. Als Marguerite am Morgen zur Arbeit kam, verpaßte Hector ihr einen ägyptischen Kopfschmuck und fotografierte sie bei der Inspektion der Schätze ihres Königreichs.

Hectors sonstige Kreationen umfaßten das Cockpit eines Bombers zu Ehren von Calvin und Hobbes sowie ein Kreuzfahrtschiff (komplett mit Anker, Schornstein, Bullaugen und über das ganze Büro verstreutem Souvenirkitsch) für eine Kollegin, die gerade von einer Karibik-Kreuzfahrt zurückgekommen war. „Die ganze Arbeit, die dazu nötig ist, ist ein Geschenk von mir, aber ich mache diese Arbeit nicht nur den Leuten zuliebe, deren Geburtstag wir gerade feiern, sondern ebenso für mich selbst", gesteht Hector ein. „Mein derzeitiger Job in der Firma erstickt jede Kreativität schon im Keim. Ich bin ein guter Systemanalytiker und mache meine Arbeit gern, aber die Gestaltung dieser Geburtstagsszenarien verhilft mir dazu, eine andere Seite meiner Persönlichkeit, nämlich die kreative, theatralische Seite hervorzukehren. Ich plane diese Projekte monatelang im voraus und führe ein Notizbuch, in das ich meine Einfälle laufend eintrage. Am Vorabend des Geburtstags der betreffenden Person arbeite ich bis spät in die Nacht hinein, um alles fertigzubekommen. Wenn die betreffende Person dann am nächsten Morgen ahnungslos zur Arbeit erscheint, entschädigt mich ihr Gesichtsausdruck für jede einzelne Minute, die ich an Arbeit investiert habe."

Machen Sie einen Abstecher in einen Spielwarenladen

Ric Grefe, Direktor für Strategie und Planung beim Öffentlichen Rundfunksender CPB, sah eines Tages in einem Spielwarengeschäft eine riesige Plüschbanane und dachte sich: „Das wäre ein tolles Geschenk für meine Tochter." Als er mit der Banane nach Hause kam, merkte er jedoch, daß die überdimensionale Frucht seine kleine, zweijährige Tochter in Angst und Schrecken versetzte. Daraufhin nahm Ric die Banane mit ins Büro, wo sie auch blieb.

Seine Kollegen fanden großen Gefallen an der Banane und beschlossen, ihr eine Sonnenbrille und einen Hut aufzusetzen und ihr eine Zigarette in den Mundwinkel zu stecken. Die Banane wurde von einem Büro zum anderen weitergereicht, und es dauerte nicht lange, bis sie zur Symbolfigur wurde. „Wenn ich einen Termin nicht eingehalten hatte", meinte Joan Katz, wissenschaftliche Mitarbeiterin bei CPB, „so wußte ich sofort, daß die Banane tags darauf hinter meinem Schreibtisch sitzend auf mich warten würde. Ric wollte damit zum Ausdruck bringen: „,Mädchen, du hast Mist gebaut, aber macht nichts. Dich kann man jederzeit durch eine Banane ersetzen!'"

Wenn Sie nicht gerade ein Kleinkind zu Hause haben, wird es vermutlich schon eine Weile her sein, seit Sie zum letzten Mal ein Spielwarengeschäft betreten haben. Wenn Sie jedoch ein günstiges Umfeld für Spaß am Arbeitsplatz schaffen wollen, wird es sich lohnen, hin und wieder einen Abstecher in ein Spielwarengeschäft zu machen – nicht Ihrer Kinder wegen, sondern für Ihre Angestellten, Mitarbeiter oder für Sie selbst. Sie werden dort bestimmt etwas Nettes oder Lustiges finden, das Sie auf neue Ideen bringen oder Ihnen dabei behilflich sein wird, jemandem einen Lichtblick im Alltag zu verschaffen.

Denken Sie praktisch: Was machen Sie, wenn Sie eine Maus aus ihrem Versteck locken wollen? Sie legen ein Stück Käse aus. Wenn Sie nun an Ihrem Arbeitsplatz den Weihnachtsmann aus seinem Versteck locken möchten, werden Sie zunächst einmal ein paar Spielsachen auslegen müssen.

Machen Sie Feedback spürbar

Dan Minuta von *Western Instructional Television* kam auf eine originelle Methode, seine Kollegen bei der allwöchentlichen Mitarbeiterbesprechung auf Trab zu bringen. Zu Beginn der Besprechung erschien Dan mit einem Eimer voll nasser Schwämme und einem Eimer voll Blumen und verteilte an alle Anwesenden jeweils eine Blume und einen Schwamm.

„Wenn jemand im Laufe dieser Besprechung eine Bemerkung macht, die Sie auf eine Idee bringt oder die Ihnen persönlich nahegeht", erklärte Dan seinen Kollegen, „so möchte ich, daß Sie den Betreffenden dies dadurch wissen lassen, daß Sie ihm Ihre Blume zuwerfen. Macht jedoch jemand eine Bemerkung, die Ihrer Meinung nach beleidigend ist oder dem allgemeinen Firmeninteresse schadet, so schießen Sie bitte einen nassen Schwamm in seine Richtung."

Mit Hilfe dieser Methode wurde nicht nur ein auf eine heitere Art und Weise spontanes Feedback erzielt, sie ermöglichte es auch allen im Raum befindlichen Personen, ihre eigenen Positionen in einer vorgegebenen Sache in Verbindung mit den anderen Anwesenden auszuloten. Dan erinnert sich, einmal jemandem einen Schwamm zugeworfen zu haben, der einen seiner Meinung nach unpassenden Vorschlag gemacht hatte. Zu seiner größten Verwunderung sollte er sehr bald merken, daß er der einzige Anwesende war, der so dachte, denn alle übrigen begannen sofort, ihn mit ihren Schwämmen zu bombardieren!

10 Drücken Sie mit Ihrer Kleidung etwas aus

Ich hatte einmal die Gelegenheit, im Hochsommer in Phoenix einer Besprechung auf oberster Managementebene beizuwohnen. Obwohl wir die Klimaanlage auf die Höchststufe eingestellt hatten, wurde es in dem Raum heißer und heißer. Als wir das Hotelpersonal um Hilfe baten, teilte man uns mit, daß die Klimaanlage im Konferenzraum ausgefallen sei und die Reparatur einige Stunden in Anspruch nehmen würde.

Mit dem Gedanken, in einen anderen, kleineren Raum zu übersiedeln, konnten wir uns nicht anfreunden, also beschlossen wir, die Stellung zu halten. Bald hatten alle männlichen Anwesenden ihre Krawatten gelockert, und Männer wie Frauen hatten ihre Sakkos bzw. Jacken ausgezogen. Als eines der Vorstandsmitglieder sein Sakko auszog, stachen mir die leuchtenden Rottöne des Sakko-Futterstoffes ins Auge. Als ich ihn später darauf ansprach, zeigte er mir die Innenseite seines Sakkos, auf der knallbunte Sterne, Kometen und galaktische Explosionen zum Vorschein kamen.

„Mein Anzug ist meine Uniform", erklärte er mir, „also kaufe ich teure Nadelstreifanzüge. So bekommt mich die Welt zu Gesicht. Aber für innen, für die mir zugewandte Seite, verwende ich die verwegensten Stoffe, die ich finden kann. Das ist mein wirkliches Ich."

Die Virologin Barbara Potts, die Virusinfektionen bei Schafen erforscht, erzählte mir eine ähnliche Geschichte. Zur Feststellung des Krankheitsverlaufs hat sie ständig im Schafstall zu tun und muß schwere Stiefel und einen von Kopf bis Fuß reichenden Schutzanzug tragen. Darunter jedoch, gestand sie mir, würde sie manchmal aufreizende Kleidungsstücke tragen. „Das erinnert mich daran, daß es in meinem Leben auch noch etwas anderes gibt, als mit Schafen zu raufen!"

Bob Cleveland, der Vorstandsvorsitzende einer der größten Vertriebsfirmen für Raupenfahrzeuge in den USA, ist ebenfalls ein Top-Manager, der seinen Schneider dazu überreden mußte, Paisley-Futterstoffe in seine Dienstanzüge einzunähen. Bob, dessen Unternehmen 500 Mitarbeiter beschäftigt, die in sechs verschiedenen Gewerkschaften organisiert sind, treibt auch bei der Wahl seiner Oberbekleidung gerne ein wenig Spaß.

„Immer wenn mir eine wichtige Verhandlung mit einer Gewerkschaft ins Haus steht", meint er, „komme ich an jenem Tag im feinsten grün-blau gestreiften Anzug ins Büro, denn ich weiß, daß ich mir den ganzen lieben langen Tag Prügel einhandeln werde, bis ich grün und blau bin! Das ist ein kleines Privatvergnügen von mir, das mir dabei hilft, ruhig zu bleiben, wenn es mit den Gewerkschaften brenzlig wird."

Wenn Sie sich demnächst auf eine spannungsgeladene Besprechung mit Ihrem Vorgesetzten oder auf eine wichtige Verhandlung mit Ihrem größten Abnehmer vorbereiten, dann ziehen Sie etwas an, das Sie heiter stimmt, zum Beispiel Boxer-Shorts mit lauter roten Herzen oder einen BH aus feinster Spitze. Es soll Ihnen als kleine heimliche Erinnerung daran dienen, daß nichts jemals so ernst ist, wie es den Anschein hat.

Stellen Sie ein Sammelsurium an ungewöhnlicher Bürodekoration zusammen: häßliche Krawatten, unsichtbare Haustiere, Sandsäcke usw.

Haben Sie den Anblick des seit Ewigkeiten gleich aussehenden Büros satt? Hier finden Sie ein ganzes Bündel von Ideen, mit deren Hilfe vier einfallsreiche Manager Würze in den Büroalltag brachten.

Als Larry Sullivan vom internen Ausbilder zum Berater im Bereich Qualitätssicherung des Entwicklungszentrums von Porterville in Kalifornien aufstieg, brachten seine neuen Aufgaben es mit sich, daß er ab nun eine Krawatte tragen mußte. Seine Ausbilder-Kollegen veranstalteten ein Abschiedsfest für ihn, bei dem ihm jeder die häßlichsten, dümmsten oder ungewöhnlichsten Krawatten, die er gerade auftreiben konnte, schenkte.

Larrys Krawattensammlung, sein ganzer Stolz, ist in seinem neuem Büro offen ausgestellt. Er berichtet, daß hin und wieder jemand in scin Büro kommt, zu seinem Krawattenhalter hinübergeht und die Sammlung um eine weitere, wirklich scheußliche Krawatte bereichert. „Wenn ich einen schweren Tag habe", erzählt Larry, „nehme ich die Krawatte, die ich gerade trage, ab und binde mir eine der abscheulichsten Krawatten aus meiner Sammlung um. Das erinnert mich augenblicklich an den Zuspruch und die schönen Stunden, die ich bei meinem Abschiedsfest erlebt habe. Davon abgesehen, wird innerhalb der nächsten halben Stunde unweigerlich jemand mich und meine Krawatte ‚beleidigen', worüber ich herzlich lachen kann!"

Ron Hoffmann, ein Apotheker aus Los Angeles, entdeckte eine hervorragende Möglichkeit, Pausen in seine alltägliche Arbeitsroutine einzubauen. Ron hat in seinem Betrieb ein Aquarium mit einem „unsichtbaren Goldfisch" stehen, neben dem er die täglichen Fütterungszeiten für seine nicht existenten Haustiere plakatiert hat. Zur Fütterungszeit versammelt sich eine Schar fröhlich gestimmter Kunden und Angestellter aus anderen Abteilungen des Betriebs, um dem unsichtbaren Fütterungswahnsinn zuzusehen. (Es bedarf einiger Vorstellungskraft, aber bei diesen Leuten funktioniert das.)

Linda Koliber von *Chrysler Motors* fand eine „Low-Tech-Antwort auf ein High-Tech-Streßproblem". Linda montierte in ihrem Büro einen aufblasbaren Sandsack und sah sich sehr rasch mit einem steten Strom von Besuchern, die ihre Frustrationen daran abladen wollten, konfrontiert.

„Manchmal kommen die Sicherheitsleute in mein Büro, gehen schnurstracks auf den Sack zu, schlagen wie verrückt darauf ein, gehen geradewegs zurück zur Türe und sagen beim Hinausgehen bestenfalls ‚Danke!'", berichtet Linda.

Linda Sims, die stellvertretende Krankenhausdirektorin des *Ochsner Foundation Hospital* in New Orleans, hält in ihrem Büro einen Kaugummi-Automaten für ihre Besucher bereit. Neben dem Automaten hat sie einen Stapel Münzen liegen, so daß sich jeder, der einen Kaugummi möchte, gratis bedienen kann. Das wichtigste daran ist nach Lindas Meinung, daß jeder, der es gerade braucht, damit eine gute Ausrede hat, bei der Direktorin vorbeizukommen und mit ihr außerdienstlich ein wenig zu plaudern.

KAPITEL 4

Denken Sie im kleinen Rahmen:
Sorgen Sie im Alleingang für Spaß

Die beste Ausgangssituation, um Spaß und Spiel in Ihr Arbeitsumfeld zu bringen, ist, wenn das oberste Management voll dahintersteht. Was geschieht aber, wenn Sie nicht mit der Unterstützung des obersten Managements rechnen können oder nicht einmal selbst dem Management angehören? Können Sie trotzdem auf andere Einfluß nehmen? Können Sie dennoch etwas bewirken? Können Sie trotzdem Spaß am Arbeitsplatz haben? Die Antwort darauf lautet natürlich: Ja!

Chris Wells arbeitet im Personalbüro des öffentlichen Schulzentrums von Burlington in Iowa. Wenn man das Verwaltungsgebäude betritt, sieht man zuallererst Chris. „Als ich vor vier Jahren diese Stelle antrat", erinnert sie sich, „herrschte hier eine sehr spießige und zugeknöpfte Atmosphäre. Ich machte mir Sorgen, daß ich zu den anderen Leuten in diesem Büro nicht passen würde: Die Frauen trugen konservative, hautfarbene Strumpfhosen und sehr streng geschnittene Kleider (keine Hosen, niemals Hosen!); die Männer trugen Anzüge, Sakkos und dämliche, langweilige Krawatten. Ich hatte schon immer ein Faible für schwarze Strümpfe und ausgeflippte Schuhe; ich trage wohl Kleider, genauso gern ziehe ich aber auch Hosen und Leggins an. Nylonstrümpfe habe ich seit meiner Hochzeit vor 14 Jahren nicht mehr getragen (und damals auch nur meiner Mutter zuliebe!).

Die Beziehung zwischen der Verwaltung und den Mitarbeitern des Schulzentrums war eine Zeitlang etwas ge´spannt. Da ich diejenige war, die vom Ärger und Frust der Angestellten am meisten abbekam, beschloß ich, jeden Tag ein anderes Paar *Head Boppers* aufzusetzen." (Zur Erklärung für diejenigen, deren Empfangsdame nicht täglich welche trägt: *Head Boppers* bestehen aus einem dünnen Haarband und zwei ca. 20 cm langen Metallfedern, an denen jeweils entweder zu einem Anlaß passende oder ganz alltägliche Gegenstände befestigt sind, zum Beispiel blinkende Kürbisse, Hasenköpfe, glitzernde Herzen, Glücksklee, Basketbälle, Fußbälle und was es sonst noch alles gibt.) „Ich hatte damals für alle festlichen Anlässe ein eigenes Paar *Head Boppers*", erzählt Chris. „Am besten gefielen mir das Rentier-Geweih für Weihnachten, die weißen Hasenohren für Ostern und der allgegenwärtige Dino (aus der Familie Feuerstein) für all jene Tage, an denen ich mich selbst ein wenig aufbauen mußte.

Es ist ja wohl klar, daß es niemanden gab, der in das Verwaltungsgebäude kam und nicht geschmunzelt, gekichert oder gar lauthals gelacht hätte, wenn er mich mit diesen dämlichen antennenartigen Dingern am Kopf an meinem Computer arbeiten sah."

Leider gab es dort aber doch eine relativ wichtige Person, die beim Anblick von Chris' umfangreicher Sammlung von *Head Boppers* gar nicht schmunzelte – ihr Vorgesetzter. „Er erklärte mir bei meiner letzten Personalbeurteilung: ‚Wenn Sie Zeit zum Lachen haben, dann arbeiten Sie nicht intensiv genug'", erinnert sich Chris. „Er erklärte mir, daß mir die Bedeutung meiner Position im Büro nicht bewußt sei und daß ich die Tatsache, daß die Leute mich als erste zu Gesicht bekämen und ich deshalb mit ‚gutem Beispiel' vorangehen müsse, ignoriere. Ich richtete mich also danach und trug von nun an keine *Head Boppers* mehr. Alle anderen Leute, angefangen vom Vorsitzenden des Schulrates bis zu den Eltern und den Handelsvertretern, die in das Gebäude kamen, alle anderen sagten mir, wie leid es ihnen täte, daß sie jetzt nichts Lustiges mehr auf meinem Kopf sähen. Sie gestanden mir, daß mein Anblick und die Scherze, die wir über meinen

Kopfschmuck gemacht hatten, ihren Alltag immer aufgelockert hätten."

Obwohl Chris bezüglich der *Head Boppers* klein beigeben mußte, hat sie jedoch keineswegs ihr Vorhaben, die Atmosphäre an ihrem Arbeitsplatz aufzuheitern, aufgegeben. „Ich bin fest davon überzeugt, daß man sich wohler fühlt, wenn man lacht; man ist produktiver, die Leute um einen herum schaffen ebenfalls mehr, man ist weniger oft krank, und man ist zu anderen und zu sich selbst einfach netter", meint sie. Chris ließ sich nicht so rasch entmutigen. Am Vorabend des letzten Arbeitstages vor den Osterferien erschien sie mit ihren beiden Söhnen im Büro und versteckte sechs Säcke Schokolade-Ostereier im ganzen Haus – in Schubladen, Notizblock-Behältern, Telefonkonsolen, wo immer sie nur Platz fanden. „Ich hatte tags zuvor jedem meiner Kollegen eine in bunten Farben gehaltene Einladung zur ‚Ersten Ostereier-Suche des Jahres‘ überreicht. Als sie am Mittwochmorgen dann nach und nach im Büro eintrafen, benahmen sie sich wie eine Schar kleiner Kinder, die durch die Gegend flitzten, um im ganzen Haus nach Ostereiern zu suchen. Unter den versteckten Ostereiern befanden sich auch zwei ganz besondere Eier; der Finder durfte sich jeweils einen Sonderpreis abholen – einen großen Schokolade-Garfield und eine Riesenpackung Schokoladepralinen.

Die Ostereier-Suche war ein rauschender Erfolg – alle genossen sie in vollen Zügen. Es tut mir nur leid, daß es drei Jahre dauerte, bis ich so etwas veranstaltete. Einer meiner Kollegen schickte mir an dem Tag einen Blumenstrauß zum Dank dafür, daß ich mir die Zeit genommen hatte, etwas so Lustiges zu inszenieren. Wir arbeiten sehr angespannt und unter großem Streß, wie eben die meisten Leute, und wir brauchen alle einmal eine Gelegenheit, uns kindisch und kindlich zu benehmen."

Ist eine Einzelperson unter dem strengen Auge eines Vorgesetzten, der Spaß am Arbeitsplatz generell ablehnt, überhaupt in der Lage, in Eigeninitiative die Unternehmenskultur zu verändern? Betrachten Sie den Einfluß, den Chris Wells im Laufe der Zeit auf die anderen Mitarbeiter in ihrem Büro gewonnen hat: „Seit meinem Eintritt in dieses Büro haben die Männer hier begonnen, farbige Socken und Krawatten mit Comics-Motiven oder Krawatten, die Weihnachtslieder spielen, zu tragen. Die Frauen tragen geschmackvolle City-Bermudas, Steghosen und kühle Baumwollkleider mit Blumenmustern im Sommer. Natürlich tragen alle noch immer ihre dunkelblauen Anzüge mit konservativen Krawatten bzw. ihre formellen Kleider, wenn die Umstände dies erfordern. Wenn jedoch keine große Konferenz ins Haus steht, finden sie es jetzt ganz in Ordnung, ihre wahre Persönlichkeit zum Ausdruck kommen zu lassen und Sachen nach ihrem persönlichen Geschmack zu tragen. Ich möchte diese bemerkenswerte Wendung der Dinge nicht mir allein zuschreiben, aber die Stimmung unter den Leuten ist in dieser entspannten und angenehmen Atmosphäre ganz offensichtlich besser."

Dies ist sicherlich nicht der leichteste Weg, Spaß an den Arbeitsplatz zu bringen, aber, wie Chris Wells eindrucksvoll bewiesen hat, ist es durchaus möglich, auch im Alleingang etwas zu bewirken. Klarerweise muß man mit Vorsicht ans Werk gehen. Wenn Sie einen Vorgesetzten haben, der Ihren „Spiel- und Spaß-Machenschaften" im Unternehmen nicht freundlich gesinnt ist und Ihren Bemühungen, die anderen Mitarbeiter bezüglich des Wertes von Spaß am Arbeitsplatz „umzuerziehen", Widerstand entgegenbringt, dann erzwingen Sie besser nichts. Denken Sie daran: Jede Änderung erfordert Zeit. Gehen Sie langsam und behutsam vor, und die Änderung wird eintreten. Es kann natürlich sein, daß Sie sich, wenn die Arbeit zu erdrückend wird, über kurz oder lang einen neuen Job suchen müssen. Geben Sie jedoch acht, daß nicht *Sie* um des Spaßes willen gefeuert werden! Schließlich soll die Suche nach einem neuen Job nach Ihren zeitlichen Vorstellung ablaufen, und nicht nach denen Ihres Vorgesetzten.

Wenn Sie allerdings für den „Umerziehungsprozeß" etwas Zeit aufwenden können, so werden Sie dabei sicherlich die eine oder andere Überraschung erleben. Wie auch Chris Wells feststellen konnte, werden andere Leute Ihrem Beispiel folgen, und bald wird es kein einsames Unterfangen mehr sein.

12 Geben Sie anonym und unerwartet Zeichen der Anerkennung

Positives Feedback ist in vielen Betrieben rar. Das Klagelied eines Managers einer Firma, die in der Liste der 100 größten Unternehmen des Wirtschaftsmagazins *FORTUNE* zu finden ist, stimmte mich traurig, schlägt aber nur allzu bekannte Töne an: „Bei der Firmen-Weihnachtsfeier war mein Chef wirklich betrunken. In diesem Zustand kam er zu mir, legte seinen Arm um mich und sagte: ,Ich mag dich, Kumpel. Mach dir keine Sorgen. Ich werde mich um dich kümmern. Ich werde auf dich aufpassen.' Am Montagmorgen benahm er sich dann, als ob er noch nicht einmal meinen Namen gehört hätte."

Selbst unter optimalen Voraussetzungen bekommt kaum jemand genug positives Feedback. Ein probates Mittel dagegen ist, jede sich nur bietende Gelegenheit, bei der man merkt, daß jemand etwas richtig macht, dazu zu nützen, ihm dies auch mitzuteilen. Warten Sie nicht darauf, daß dem Verkaufsleiter auffällt, daß ein Verkäufer gute Arbeit leistet. Wenn Sie feststellen, daß er gute Arbeit leistet, dann springen Sie doch über Ihren Schatten und sagen Sie ihm, wie sehr Sie ihn schätzen. Wenn es Ihnen schwerfällt, Komplimente zu machen, so besteht immer noch die Möglichkeit, jemandem, der Ihnen nicht direkt unterstellt ist, eine anonyme Mitteilung zu schreiben, in der Sie ihn für eine gute Leistung loben.

Don Erickson, der Koordinator für technische Lehrfächer im Erziehungsministerium des amerikanischen Bundesstaates Oregon, schlüpfte in die von ihm erfundene Rolle des *Strokers* – eine Art „Anonymus", der jenen Leuten, die lobenswerte oder erwähnenswerte Leistungen bringen, anonyme Belobigungsschreiben und Mitteilungen aller Art zukommen lassen. Um den Verdacht von ihm abzulenken, legt er auch an seinen eigenen Platz Mitteilungen des *Strokers*.

Als in Dons Abteilung eine neue Mitarbeiterin namens Clarissa aufgenommen wurde, legte Don folgende Notiz auf ihren Schreibtisch: „Herzlich willkommen, Clarissa! Wir freuen uns, daß Sie jetzt bei uns arbeiten!" Er unterzeichnete mit einem stilisierten „S", dem Markenzeichen des *Strokers*. Zu Dons großer Freude hängte Clarissa die Notiz des *Strokers* an die Wand über ihrem Schreibtisch, wo sie die beiden ersten Monate, die sie in ihrem neuen Job arbeitete, auch hängenblieb.

Karen Kolberg, eine langjährige *Playfair*-Mitarbeiterin, fährt am Tag der Gehaltsauszahlung immer zum Drive-in-Schalter ihrer Bankfiliale. Wenn sie ihren Gehaltsscheck und den Einzahlungsbeleg in die Rohrpost-Patrone legt, fügt sie jedesmal ein Bonbon als kleine, unerwartete Aufmerksamkeit für den Schalterbeamten am anderen Ende der Rohrpostanlage hinzu.

Fran Solomon von *Playfair* reißt eine Seite aus ihrem *„Far Side"*-Kalender heraus und steckt sie zusammen mit ihrem Scheck in den Briefumschlag, wenn sie ihre monatliche Telefonrechnung bezahlt. „Bei der Telefongesellschaft sitzen Leute, die den ganzen Tag lang diese Umschläge öffnen müssen", überlegt Fran. „So wissen sie zumindest, daß ihnen wenigstens einer ihrer Kunden hin und wieder ein herzliches Lachen gönnt!"

Wenn Jeffrey Randall, ein weiteres Mitglied der Führungsriege von *Playfair,* ins Kino geht, verwöhnt er gern die Kinobesucher, die in der Schlange vor dem Kinobuffet unmittelbar hinter ihm stehen. Wenn Jeffrey für sich selbst Popcorn kauft, kommt es vor, daß er auch welches für die Person hinter ihm kauft. Einmal drehte er sich zu dem Mann hinter ihm um und sagte: „Also, Sie scheinen ein netter Kerl zu sein. Ich würde Ihnen gern eine Tüte Popcorn kaufen!"

Der Mann wurde gleich mißtrauisch. „Wie meinen Sie das?" fragte er.

„So, wie ich es gesagt habe", strahlte Jeffrey. „Ich würde Ihnen gern Popcorn kaufen. Das würde mir Freude machen."

„Naja", zögerte der Mann, „also gut, ich glaube, das geht in Ordnung."

„He, Moment", rief der Mann dahinter. „Was ist mit mir? Sehe ich nicht wie ein netter Kerl aus? Warum kaufen Sie mir kein Popcorn?"

Genau darauf hatte Jeffrey gewartet, und er reagierte spontan: „Moment! Dann müßte ich ja für alle hier Popcorn kaufen!" Dann aber dachte er laut: „Nun, warum eigentlich nicht?" Also sagte er zu dem zweiten Mann: „Sie haben recht. Vermutlich sind Sie tatsächlich ein netter Kerl. Okay, ich werde auch für Sie Popcorn kaufen."

„Aber nein", meinte der Mann und winkte ab, als ob er Jeffreys Angebot wegschieben wollte. „Ich habe nur Spaß gemacht. Sie müssen mir wirklich kein Popcorn kaufen."

„Ich weiß", antwortete Jeffrey, „aber jetzt möchte ich Ihnen wirklich eine Tüte voll Popcorn kaufen."

„Tatsächlich?" meinte der Unbekannte und stellte sich beleidigt. „Also, wenn Sie mir Popcorn kaufen, dann kaufe ich Ihnen eine Cola."

„Tatsächlich?" fragte Jeffrey mit gespielter Feindseligkeit. „Dann kaufen Sie aber besser gleich einen großen Becher voll!"

Die drei lachten und scherzten weiter, und als sie endlich an die Reihe kamen, setzte der Mann hinter der Theke der ganzen Diskussion ein Ende. „Ihr seid alle verrückt", sagte er zu ihnen. „Ich bin der Stellvertreter des Chefs, und das ist Grund genug, daß ich euch allen jetzt Popcorn und Cola auf Rechnung des Hauses spendieren werde!"

13 | Spielen Sie auf der Telefontastatur Melodien

Auch Sie können „Happy Birthday" auf der Telefontastatur spielen – sofern bei Ihrer Telefonanlage beim Wählen akustische Signale wiedergegeben werden. Wenn einer Ihrer Kunden oder Kollegen Geburtstag hat, rufen Sie ihn an und spielen Sie ihm auf der Telefontastatur ein Geburtstagsständchen! Ich schaffe es normalerweise nur bis „4-4-5-4-9-8-Hap-py-birth-day-to-you", dann bricht die Person am anderen Ende der Leitung bereits in Lachen aus. Ehrlich gesagt, habe ich noch nie das *ganze* Lied spielen müssen, aber bis dorthin klappt es ganz gut.

Achtung: Wenn der Adressat des Geburtstagsständchens nicht an seinem Platz ist und Ihr Anruf in seine Mailbox umgeleitet wird, versuchen Sie bloß nicht, dieses Lied als Voice-mail-Nachricht zu hinterlassen. Durch eine offensichtliche Marotte seines Elektronengehirns verweigert das Voice-mail-System die Aufzeichnung des dem System unbekannten Geburtstagsgrußes erbarmungslos. Ich mußte dies bei dem Versuch, einem meiner Lieblingskunden eine solche Nachricht zu hinterlassen, auf die harte Tour herausfinden. Anstatt „4-4-5-4-9-8" für „Hap-py-birth-day-to-you" versteht das Voice-mail-System unter „4-4-5-4-9-8" „Suchrücklauf – Suchrücklauf – alte Nachrichten löschen – Suchrücklauf – diese Nachricht archivieren – Fernabfrage-Code ändern". In der Terminologie des Systems entspricht diese Nachricht etwa einem obszönen Telefonanruf, also möchte das System mit Ihnen nichts mehr zu tun haben und unterbricht die Verbindung.

Das Problem mit der Voice-mail ist, daß sie einfach keinen Spaß versteht.

14 Senden Sie eine Mitternachtstorte

Wenn demnächst jemand aus Ihrem Büro eine Geschäftsreise unternimmt und über Nacht wegbleibt, so finden Sie heraus, in welchem Hotel er absteigt. Rufen Sie den Room-Service des Hotels an und lassen Sie ihm ein Stück Torte aufs Zimmer servieren, und zwar um Mitternacht. Bitten Sie den Room-Service, eine kurze Nachricht beizulegen, etwa mit dem Wortlaut: „Ich denke heute abend an Sie/Dich. Denken Sie/Denkst Du auch an mich?" Unterschreiben Sie keinesfalls! Gönnen Sie der betreffenden Person ein wenig Raum für Phantasie.

Sie könnten auch einem Ihrer Kollegen, der nie auf Geschäftsreise fährt, einen unerwarteten Leckerbissen zukommen lassen. Lassen Sie der betreffenden Person während der Arbeitszeit anonym eine Pizza auf ihren Schreibtisch im Büro servieren. Auch hier sind Ihrer Kreativität keine Grenzen gesetzt. Als der Playfair-Trainer Jeffrey Randall seine Kollegin Nikki Jordan mit einer Pizza überraschte, ließ er den Pizzabäcker ihren Namen mit Champignons auf die Pizza schreiben!

15 Organisieren Sie einen Papierflieger-Wettstreit

Kirt Womack arbeitet in der *Thiokol*-Fabrik in Utah, wo die Brennstoffraketen für das Space-shuttle-Programm erzeugt werden. Auch Kirt, der ebensowenig wie Chris Wells dem Management angehört, hat trotz des Widerstandes seines Vorgesetzten bewußt für Spaß an seinem Arbeitsplatz gesorgt.

Es geschah am ersten Frühlingstag nach einem der für Utah typischen langen und strengen Winter. Kirt und seine Kollegen fühlten sich in der Fabrikhalle eingepfercht, also ging Kirt zu seinem Vorgesetzten, um ihm folgenden Vorschlag zu machen: „Feiern wir doch nächste Woche den offiziellen Frühlingsbeginn damit, daß wir die Fertigungslinie eine Stunde lang dichtmachen, damit die Arbeiter hinaus ins Freie gehen und einen Papierflieger-Wettstreit veranstalten können!“ (Man arbeitete schließlich in der Raumfahrtindustrie.)

Kirts Vorgesetzter sah ihn ungläubig an. „Wir werden die Produktion auf gar keinen Fall für eine Stunde unterbrechen, um einen Papierflieger-Wettstreit zu veranstalten.“

Daraufhin besprach Kirt mit seinem Team kurz die Lage und wandte sich mit einem revidierten Vorschlag neuerlich an seinen Vorgesetzten. Wenn seine Schicht 150 Prozent der vorgegebenen Tagesproduktion bis 14.30 Uhr schaffen würde, könnte die ganze Mannschaft nach draußen gehen und einen Papierflieger-Wettstreit veranstalten. Der Vorgesetzte gab widerwillig klein bei.

Um 13.30 Uhr hatte Kirts Team 110 Prozent des Pensums geschafft, und als der Zeiger auf 14.30 Uhr vorrückte, hatten sie die 210-Prozent-Marke erreicht! Alle verließen die Fabrikhalle und feierten die Ankunft des Frühlings damit, daß sie Papierflieger in die Luft schossen.

Kirt marschierte zu seinem Vorgesetzten, zeigte auf seine Kollegen, die da in der Sonne miteinander lachten und spielten, und fragte ihn stolz: „Also, was sagen Sie nun dazu?“

„Sie wollen hören, was ich dazu sage?“ antwortete sein Vorgesetzter. „Ich meine, wenn ihr das, noch dazu in einer Stunde weniger, leicht schaffen könnt, so stellen Sie sich doch einmal vor, wieviel ihr erst fertigbringen könntet, wenn ihr die ganze Schicht in diesem Tempo durcharbeiten würdet!“

Der Vorgesetzte hatte offensichtlich überhaupt nicht verstanden, worum es Kirt dabei gegangen war. Die Gruppe hatte nicht *trotz* der Stunde weniger eine so gute Leistung erbracht, sondern *wegen* der freien Stunde. Kirt ließ sich jedoch nicht beirren. In der Woche darauf steckten seine Arbeitsgruppe und er wiederum die Köpfe zusammen, um danach ihrem Vorgesetzten neuerlich einen Vorschlag zu unterbreiten. Sie würden gemeinsam ein neues Produktionsziel für Kirts Schicht festlegen, und wenn das Ziel erreicht oder gar überschritten würde, dürfte Kirt zu einem bestimmten Zeitpunkt für eine Stunde lang ein Volleyball-Netz in der Fabrikhalle aufstellen.

Kirts Team reagierte darauf mit einem Produktionsrekord, und das Volleyball-Netz wurde triumphierend aufgestellt. Kirt hat sich für diese Aktivitäten, die er sich zur Belohnung für sein Team ausdenkt, auch einen Namen zurechtgelegt. Er nennt sie „arbeitsunabhängige Teambildungs-Aktivitäten". Als Kirt seinen Vorgesetzten in der Woche darauf wiederum ansprach und vorschlug, falls sein Team die Zielvorgabe erneut überschreiten würde, solle er die Leute in einen Eissalon außerhalb des Fabrikgeländes einladen, wo sie sich auf Kosten des Vorgesetzten den Bauch vollschlagen könnten, stimmte er begeistert zu. Er hatte nunmehr verstanden, daß die Tage mit der höchsten Produktivität in der Fabrik jene waren, an denen Kirts „arbeitsunabhängige Teambildungs-Aktivitäten" stattfanden. Kirts Team arbeitete nun noch härter, um die Zielvorgabe zu erreichen, da die Idee, wie die Belohnung aussehen sollte, diesmal nicht vom Management, sondern aus den eigenen Reihen stammte.

Stellen Sie sich als Manager der Herausforderung, ein Arbeitsumfeld zu schaffen, in dem innovative Ideen Ihrer Mitarbeiter bezüglich Belohnung und Anerkennung gern gesehen werden. Die drei besten Methoden zur Schaffung eines Umfeldes, in dem Spaß und Spiel belohnt werden, sind: mit gutem Beispiel voranzugehen, mit gutem Beispiel voranzugehen und nochmals mit gutem Beispiel voranzugehen.

Sollten Sie nicht zum Management gehören und mit einem widerspenstigen Vorgesetzten konfrontiert sein, so zögern Sie keinesfalls, Spaß am Arbeitsplatz an eine höhere Produktivität zu knüpfen. Setzen Sie Ihrem Team ein Produktionsziel und schlagen Sie eine passende Belohnung vor. Spaß am Arbeitsplatz soll nicht allein bezwecken, daß Sie mehr Freude an Ihrem Job haben, sondern gleichzeitig auch die Produktivität steigern. Der beste Weg, einen unwilligen Vorgesetzten davon zu überzeugen, daß Freude und Feierstimmung ein wesentlicher Bestandteil des Arbeitsalltags sein müssen, ist jener, die Auswirkungen von Freude und Feiern auf das Ergebnis zu demonstrieren. Wählen Sie eine Belohnung, aus der Ihr Arbeitsteam erfrischt, wie neu geboren und voller Begeisterung über die Zusammenarbeit hervorgeht.

Sie selbst wissen, daß Spaß und Produktivität eng miteinander verbunden sind. Scheuen Sie also vor einem Beweis nicht zurück!

16 Verleihen Sie einen Blumenstrauß

Carol Ann Fried, die in leitender Position für *Playfair Canada* arbeitet, kam auf die Idee mit dem „wandernden Blumenstrauß". Eines Tages brachte sie einen Blumenstrauß mit ins Büro und überreichte ihn einer ihrer Mitarbeiterinnen mit der Erklärung: „Ich möchte, daß Sie diesen Strauß jetzt eine halbe Stunde lang auf Ihrem Schreibtisch stehenlassen und danach jemandem weiterschenken, der ihn nach einer halben Stunden seinerseits wieder jemandem schenkt!"

Der Spaß besteht nach Carol Anns Meinung teilweise auch darin, festzustellen, wie rasch der Blumenstrauß wieder zu einem selbst zurückkommt, zumal derjenige, der einem den Strauß übergibt, keine Ahnung hat, daß man die Person ist, die die ganze Geschichte angezettelt hat. Man behält die Blumen dann eine Weile, um sie schließlich weiterzugeben und das Spiel damit wieder von vorne beginnen zu lassen.

17 Nehmen Sie Spaß mit auf die Geschäftsreise

Obwohl wir gern vorgeben, daß es Spaß macht, eine Geschäftsreise zu unternehmen, können diese oft mit großem Streß verbunden sein. Geschäftsreisen sind meist eher unter „Geschäft" als unter „Reisen" anzusiedeln. Was also tun, um sie erfreulicher zu gestalten? Ich fülle meine Reisetasche für gewöhnlich mit all den Utensilien, die mir dabei helfen, den Flug unterhaltsamer zu gestalten: mit meinem Laptop-Computer, meinem Video-Walkman, einer Auswahl an Videokassetten, ein paar Büchern, Zeitungen und Zeitschriften. Manchmal möchte ich mich mit meinem Sitznachbarn unterhalten, dann wieder möchte ich nur in Ruhe gelassen werden. Die Stunde der Wahrheit schlägt üblicherweise, während das Essen serviert wird und mein Sitznachbar sich zu mir herüberbeugt, um zu fragen: „Auf Geschäftsreise?"

„Ja", antworte ich, worauf die unvermeidliche Frage folgt: „In welcher Branche sind Sie tätig?"

Wenn ich alleingelassen werden möchte, sage ich einfach: „Ich arbeite beim Finanzamt." Damit werden alle weiteren Fragen meines Sitznachbarn im Keim erstickt.

Eine der frustrierendsten Situationen, die man auf Geschäftsreisen erlebt, besteht darin, am Flughafen auf einen Anschlußflug oder auf eine verspätete Maschine zu warten. Als ich erstmals Jonglieren lernte, suchte ich nach einer Möglichkeit, solche Stehzeiten sinnvoll zu nützen. Ich packte meine Jonglierbälle ins Handgepäck, damit ich während der Wartezeit in der Lounge trainieren konnte. Dies erschien mir als die perfekte Möglichkeit, mir unter gleichzeitiger Verbesserung meiner Fingerfertigkeit die Zeit zu vertreiben. Das Problem dabei war allerdings, daß der Anblick der durch die Luft fliegenden, bunten Jonglierbälle unweigerlich eine ganze Schar gelangweilter Passagiere anzog, die annahmen, ich würde für sie eine Vorstellung geben. Meine mitleiderregenden Versuche, mit drei Bällen zu jonglieren, hatten jedoch wenig Show-Charakter; ich erwischte nämlich nur jeden zweiten Ball, weshalb meine Mitpassagiere den Ort des Geschehens bald gelangweilt verließen.

Der Umstand, daß diesen Zusehern jegliche Illusion abhanden gekommen war, hinderte die nächste Gruppe von Neuankömmlingen keineswegs daran, mir kurze Zeit zuzusehen, und die Szene nahm ihren bereits bekannten Lauf. Irgendwann beschloß ich dann, daß es meinem geistigen Wohlbefinden wohl besser bekäme, die Jonglierbälle zu Hause zu lassen und mich einem weniger aufsehenerregenden Flughafen-Hobby zuzuwenden, zum Beispiel dem Telefonieren.

Ein großer Vorteil von Geschäftsreisen besteht darin, daß man oft ganz unerwartet etwas Freizeit zur Verfügung hat. Wenn Sie das nächste Mal allein in einer fremden Stadt sind und ein wenig Zeit haben, versuchen Sie, sich in Spontanität zu üben. Terry Green, der Verkaufschef des *Wichita-Airport-Hilton*-Hotels und gleichnamigen Konferungszentrums für Führungskräfte befand sich auf Geschäftsreise und saß gerade in seinem Hotelzimmer. Da beschloß er, einen Spaziergang durch das Einkaufsviertel dieser Stadt zu unternehmen. „Bei meiner ersten Runde durch das Einkaufsviertel fiel mir ein Stand auf, an dem Zirkuskarten verkauft wurden", erzählte mir Terry. „Da fiel mir Ihre Geschichte mit den Leuten, die an der Mautstelle auch für die jeweiligen ,Hintermänner' bezahlten, ein. Ich beschloß, meine eigene Version davon zu versuchen.

Ich ging zu dem Stand und gab der Dame dort das Geld für eine Kinderkarte mit der Bitte, sie möge die Karte dem nächsten Kind, das an den Stand kommt, übergeben. Ich habe keine Ahnung, wer die Zirkuskarte bekommen hat, denn ich blieb nicht länger dort, um dies herauszufinden. Was ich allerdings sehr wohl weiß, ist die Tatsache, daß die Kartenverkäuferin ihre liebe Not damit hatte, meine Absichten zu begreifen. Bevor ich den Stand verließ, bedankte sie sich sicher ein halbes Dutzend Mal. Beim Weggehen sah ich sie dann mit der anderen Frau in dem Stand sprechen und in meine Richtung zeigen. Ich hoffe, der Familie, die die Zirkuskarte bekommen hat, zu ein wenig Lachen und Spaß verholfen zu haben. Ganz sicher weiß ich jedoch, daß ich der Kartenverkäuferin Grund zur Heiterkeit gegeben habe. Die Reise nach Topeka bleibt mir dadurch in viel besserer Erinnerung.

··

··

 18 | **Planen Sie ein Überraschungspicknick**

Vor einigen Jahren fiel mir bei Durchsicht meines Terminplans für eine Geschäftsreise von San Francisco nach New Orleans auf, daß ich auf dem Flughafen in Dallas einen langen Zwischenaufenthalt bis zum Anschlußflug hatte. Also rief ich meinen Freund Luke Barber an, der Professor für Philosophie am *Richland College* in Dallas ist, um ihm mitzuteilen, daß ich eineinhalb Stunden Zwischenaufenthalt in Dallas hätte. „Wenn du mich am Flughafen triffst, lade ich dich zum Abendessen ein", sagte ich ihm.

Luke stimmte begeistert zu, und ich freute mich über die Aussicht, ein wenig Zeit mit ihm verbringen zu können. Als der Pilot ankündigte, daß wir wegen Luftraumüberlastung in San Francisco erst mit einigen Minuten Verspätung abfliegen könnten, maß ich diesem Umstand keine Bedeutung bei. Als die paar Minuten nach und nach zu einer Stunde anwuchsen, wurde ich zunehmend nervöser und schließlich wütend. Jede verstrichene Minute bedeutete eine Minute weniger, die ich mit Luke verbringen konnte.

Der Pilot versprach, den Zeitverlust auf der Strecke wettzumachen, konnte letztlich aber kaum etwas aufholen, so daß die Maschine erst mit einstündiger Verspätung in Dallas eintraf. Mir blieb dadurch nur eine halbe Stunde, in der ich mich aber trotzdem mit Luke treffen wollte. Zu diesem Zeitpunkt war bereits klar, daß an ein gemeinsames Abendessen nicht mehr zu denken war. Schließlich ist der Flughafen Dallas – Ft. Worth dermaßen riesig, daß man in einer halben Stunde bestenfalls von einem Flugzeug zum anderen gelangt.

Als ich aus der Maschine stieg, wartete Luke schon auf mich.

„Hallo, Luke", entschuldigte ich mich, „danke, daß du gekommen bist, um mich zu treffen. Ich hoffe, du mußtest nicht allzu lange warten."

„Oh, kein Problem", antwortete er nur, „ich habe vorher angerufen und dadurch gewußt, daß du Verspätung haben würdest."

„Sehr gut", antwortete ich, wegen des Zeitdrucks zerstreut. „Also, mir tut es wirklich leid wegen des Abendessens, aber du hast nächstes Mal eines bei mir gut. Komm schon, wir sehen nach, von wo meine nächste Maschine abfliegt, dann gehen wir zusammen dorthin und können ein bißchen miteinander reden." Damit machte ich Anstalten, den Flugsteig zu verlassen.

Luke rührte sich nicht vom Fleck und meinte: „Mir liegt wirklich sehr viel an einem Abendessen mit dir."

Ungläubig drehte ich mich zu ihm um. „Was sagst du da?" lachte ich. „Wenn du mit mir zu Abend essen willst, wirst du dir ein Ticket nach New Orleans kaufen müssen. Eine andere Möglichkeit sehe ich nicht!"

„Wir *werden* gemeinsam zu Abend essen", erklärte Luke mit Nachdruck. „Glaube mir, ich habe alles unter Kontrolle. Folge mir einfach!" Er nahm eine meiner Taschen auf und trug sie durch die Sicherheitskontrolle. Mit stillem Protest blieb ich ihm knapp auf den Fersen, und meine Bedenken wuchsen von Sekunde zu Sekunde. Er verfiel in Laufschritt hinunter zur Parkgarage, während ich hinterdrein lief und bei mir dachte: „Wir können unmöglich in sein Auto steigen, zu einem Restaurant fahren, zu Abend essen und dann zeitgerecht zurückkommen, so daß ich mein Flugzeug erreiche!"

Dann allerdings begann ich mir meine Panikstimmung selbst auszureden, indem ich daran dachte, daß Luke einer meiner besten Freunde auf der ganzen Welt ist, daß er meisterhaft streßfreies Verhalten beherrscht (in meinen Vorträgen über Streßbewältigung gebe ich immer Geschichten über Luke zum Besten), und daß er schließlich gesagt hatte, er hätte alles unter Kontrolle. Ich sollte ihm einfach vertrauen. Das erste und einzige Mal in meinem Leben als Erwachsener gab ich die Kontrolle aus der Hand und vertraute mich völlig jemand anderem an.

Hastig liefen wir ein paar Treppen hinunter in die Parkgarage und gingen eilends einige Autoreihen weiter, bis wir zu Lukes Parkplatz gelangten. Sofort fiel mir der Klapptisch auf, den er auf dem Parkplatz daneben aufgestellt hatte.

Luke zog seine Autoschlüssel heraus und öffnete den Kofferraum seines Wagens. Er beugte sich hinein und zog ein kariertes Picknick-Tischtuch hervor, das er mit großer Geste über den Tisch breitete. Anschließend nahm er zwei Klappstühle aus dem Kofferraum und stellte sie neben dem Tisch auf. Er zog eine

Flasche Champagner und einen Behälter mit verschiedenen Vorspeisen heraus, stellte eine Kerze in die Mitte des Tisches und zündete sie an. Wir ließen den Champagnerkorken knallen und machten uns über die Vorspeisen her.

Da saßen wir einander nun an einem Tisch inmitten einer Parkgarage gegenüber, prosteten einander mit Champagner zu und grinsten von einem Ohr zum anderen. Sicher schwirrten Kohlenmonoxiddämpfe um uns herum, aber das störte uns nicht. Autofahrer, die nach einem Parkplatz suchten, ärgerten sich zuerst darüber, daß wir den freien Platz beanspruchten, nach näherem Hinsehen wich der Ärger jedoch meist einem erstaunten Schmunzeln.

Siebeneinhalb Minuten vor meinem Abflug räumten wir alles zurück in den Kofferraum und rannten los, um meine Maschine zu erreichen. Ohne Schwierigkeiten konnten wir die Sicherheitskontrolle passieren und erreichten meinen Ankunfts-Flugsteig, den Inlands-Flugsteig Nr. 23, fünf Minuten vor Abflug. Was Luke allerdings nicht bedacht hatte, war, daß mein Anschlußflug von Inlands-Flugsteig Nr. 31 aus abgefertigt wurde – und der befand sich am anderen Ende des Terminal.

Ich wurde langsam hysterisch. Aber dieser Luke war zu allem fähig: Mit Handzeichen stoppte er einen Flughafenangestellten auf einem Elektrowagen, und wir sprangen hinten auf. „Unsere Maschine fliegt in drei Minuten von Flugsteig 31 ab", rief Luke ihm zu. Der Fahrer ließ sich auf den Wettkampf mit der Zeit ein. Er steuerte sein Wägelchen wie einen Rennwagen beim Grand Prix und schlängelte sich im Zickzack zwischen den Fußgängern durch. Jede seiner Aktionen beklatschten wir begeistert. Wir lachten und feuerten ihn lautstark an.

Als wir Flugsteig 31 erreicht hatten, ging es um Sekunden. Der gesamte Bereich des Flugsteigs war mit Ausnahme einer Flugbegleiterin menschenleer. Sie hatte uns bereits von weitem erblickt, als unser Fahrzeug wie verrückt auf ihren Flugsteig zusteuerte. Ich sprang von dem Elektrogefährt und brüllte: „Kann ich noch in diese Maschine? Ich muß unbedingt hinein!"

„Wo bleiben Sie?" schalt mich die Stewardeß mit gespieltem Ärger. „Glauben Sie, wir können den ganzen Tag auf Sie warten? Sehen Sie zu, daß Sie in die Maschine kommen!" Sie entriß mir mein Ticket, scheuchte mich an Bord und knallte die Tür hinter mir zu. Erleichtert ließ ich mich in meinen Sitz fallen.

Während des ganzen Fluges schwirrten mir die Bilder meines „Abendessens" mit Luke durch den Kopf, und ich mußte mehrmals laut auflachen. Dann aber fiel mir ein, daß alles so schnell gegangen war, daß ich nicht einmal Zeit gefunden hatte, Luke gebührend zu danken. Aus diesem Grund rief ich ihn, gleich nachdem das Flugzeug gelandet war, zu Hause an, um ihm zu sagen: „Luke, du hast etwas so Wundervolles für mich getan. Ich möchte dir herzlich dafür danken."

„Du mußt dich nicht bei mir bedanken", antwortete Luke ruhig, „damit ist dir schon jemand zuvorgekommen."

„Was sagst du da?"

„Als ich zu meinem Wagen zurückkam, steckte eine Blume mit einem kleinen Zettel in der Windschutzscheibe, und darauf stand: ‚Jemand, der so etwas für einen anderen tut, muß ein wunderbarer Mensch sein.'"

Lukes ungewöhnliches Picknick, das nur eine Viertelstunde lang gedauert hatte, erfüllt mich mit Freude, so oft ich nur daran denke. Ein Grund dafür, daß ich mich besonders gern daran erinnere, liegt zweifelsohne in der Spontanität dieses Erlebnisses. Natürlich gefällt mir der Gedanke, einen Freund zu haben, der über genug Kreativität verfügt, um auf die Idee eines Picknicks in der Parkgarage zu verfallen und diese auch umzusetzen, viel mehr aber bedeutet mir die Tatsache, daß ich einen Freund habe, der keine Mühe scheut, mir ein solches Geschenk zu machen.

Durch spontanes Handeln und mit unerwarteten Geschenken können wir den Leuten, mit denen wir zusammenarbeiten, zu erinnerungswürdigen Momenten verhelfen. Daß sie uns viel bedeuten, können wir ihnen auf eine Art zu verstehen geben, die ihnen lange Zeit hindurch im Gedächtnis haften bleiben wird.

Für wen möchten Sie gern ein Überraschungspicknick in der Parkgarage veranstalten? Sie müssen für ein solches Picknick nicht zum Flughafen fahren, Sie können es genausogut auf dem Büroparkplatz oder in einem nahegelegenen Park veranstalten, wenn Ihr Büro in der Innenstadt liegt. Wie wäre es, wenn Sie einen Ihrer Freunde oder Kollegen dazu brächten, sich als Kellner zu verkleiden und Ihren Gästen und Ihnen das Essen zu servieren? Mit der Planung der Speisenfolge können Sie gleich jetzt beginnen ...

 ## Überraschen Sie einen Mitarbeiter mit einem Urlaubstag

Wie können Manager ihre Mitarbeiter, die viele Stunden, Nacht für Nacht, an einem wichtigen Projekt gearbeitet haben, belohnen? John Azzaro, Vorstandsvorsitzender des *Great Speakers Lecture Bureau,* ließ seinen fünfköpfigen Mitarbeiterstab einmal bis lang in die Nacht hinein arbeiten, um ein wichtiges Anbot fertigzustellen. „Die Tatsache, daß alle so lang bleiben mußten, verursachte mir Unbehagen, aber wir hatten keine Alternative", erzählte John. „Noch mehr Unbehagen empfand ich allerdings bei dem Gedanken, daß die meisten meiner Mitarbeiter um diese späte Stunde nach Hause gehen und für sie selbst oder für ihre Familien noch ein Abendessen bereiten sollten." Als die Angestellten das Büro verließen, kündigte John an: „Ich weiß Ihren Arbeitseinsatz für dieses Projekt wirklich sehr zu schätzen. Ruhen Sie sich heute abend bitte ein wenig aus und machen Sie sich keine Sorgen wegen des Abendessens. Ich rufe jetzt gleich den Pizza-Dienst an, und wenn Sie nach Hause kommen, werden dort große Pizzastücke auf jeden von Ihnen warten. Es möchte doch jeder extra viel Käse?"

Denken Sie in der Endphase eines wichtigen Projektes oder Auftrags, aufgrund dessen ihre Angestellten unbezahlte Überstunden leisten mußten, daran, die Fertigstellung des Projektes oder Auftrags mit Pizza, Champagner oder großen Bechern voll Eis zu feiern. Wenn Nacht für Nacht Überstunden geleistet wurden, könnten Sie Ihrem Team auch als Zeitausgleich einen bezahlten Urlaubstag anbieten. Wenn eine ganze Arbeitsgruppe davon betroffen ist, sollten Sie die Urlaubstage besser staffeln, damit Sie nicht in die Zwickmühle geraten.

Wenn Ihnen die Vergabe von freien Tagen nicht zusteht, müssen Sie Ihre Kreativität spielen lassen. Sie können an einem Ihrer eigenen freien Tage in die Firma kommen und einem Ihrer hart arbeitenden Mitarbeiter unerwartet einen Tag Urlaub gewähren. Sagen Sie einfach zu ihm: „Sie werden es nicht glauben: Sie haben sich einen Tag Sonderurlaub verdient, deshalb bin ich jetzt hier und werde heute Ihren Dienst übernehmen. Sie haben recht gehört. Dieses Angebot verfällt in fünf Minuten, also machen Sie, daß Sie hier rauskommen, und gehen Sie nach Hause!"

Eine Gruppe von Filialleitern von *Crate and Barrel* in Houston, Texas, hat eine eigene Version des überraschenden Urlaubstages ausgearbeitet. Die Manager beschlossen, einmal pro Woche einen ihrer Verkaufsmitarbeiter auszuwählen und ihm mitzuteilen: „Ich möchte Ihnen jetzt außertourlich eine Stunde freigeben. Ich werde Sie währenddessen vertreten, und ich möchte, daß Sie sich in dieser Zeit selbst etwas Gutes tun: Gehen Sie in den Park, machen Sie einen Spaziergang, unternehmen Sie einen Einkaufsbummel durch das Geschäftsviertel … Sie haben viel gearbeitet, und ich weiß das zu schätzen. Ich weiß auch, daß Sie von dieser Pause erfrischt zurückkommen und dann in der Lage sein werden, noch mehr zu verkaufen!"

Achtung: Sie sollten Ihren eigenen freien Tag nicht zu oft dafür verwenden, jemand anderem zu einem überraschenden Urlaubstag zu verhelfen. Sie sabotieren damit Ihr eigenes Wohlbefinden! Selbst wenn Sie Ihren Job sehr gern haben, ist Freizeit wichtig, um eine Burnout-Krise zu verhindern. Achten Sie also darauf, auch selbst Pausen einzuhalten.

 ## Halten Sie das Foto aus Ihrem Schulalbum bereit

Peter C. Mike, der für Betriebsmittel zuständige Direktor des *Tucson Medical Center,* hat an der Innenseite einer Schranktüre in seinem Büro ein Farbfoto von sich selbst hängen. Nicht, daß er unter krankhafter Selbstgefälligkeit leiden würde – das Foto zeigt ihn nämlich Sekundenbruchteile, nachdem ihm eine Torte ins Gesicht geklatscht worden war, und es dient einem wichtigen Zweck:

„Manchmal öffne ich mitten in einer heftigen Diskussion ‚ganz zufällig‘ diese Tür“, weiß er zu berichten. „Das Foto verfehlt niemals die Wirkung auf meine jeweiligen Gesprächspartner, und ich selbst muß auch immer wieder über mich lachen.“

Donald Burns, Generaldirektor eines Unternehmens in Sacramento, Kalifornien, hat etwas Ähnliches versucht. Ich bin zwar Vorstandsvorsitzender, aber ich möchte mein Ego nicht allzusehr pflegen, nur weil ich der Boß bin.“ Aus diesem Grund hängte Donald eine gerahmte Fotografie von sich in den Konferenzraum. Darunter ist ein Messingschild mit der Aufschrift „Unser Firmengründer“ angebracht. Es handelt sich jedoch um kein

Pressefoto, sondern um ein Foto aus der Schulzeit. „Ich werde Ihnen etwas über dieses Foto erzählen", erklärte er. „Immer wenn meine Stimmung wegen der Arbeit auf dem Nullpunkt angelangt ist, sehe ich mir genüßlich diesen Naivling an der Wand an und denke mir: ‚Du hast einen weiten Weg hinter dir, Junge! Bleib jetzt nicht stehen!'"

Cindy Collins, Vorstandsmitglied der Firma *OmniArts* in Nashville, berichtet, daß ihr Unternehmen dieses Konzept um einen Schritt weiterentwickelt hat. Auch dort gibt es ein Messingschild mit der Aufschrift „Unser Firmengründer", es ist jedoch unter einem von einem Vertragskünstler der Firma angefertigten Ölgemälde angebracht, das einen Schimpansen in Anzug und Krawatte zeigt!

Denken Sie jetzt nur einen Augenblick lang an Ihr eigenes Klassenfoto aus der Schule, falls Sie dies aushalten. Denken Sie an die „Todesqualen", denen Sie damals ausgesetzt waren: die Verabredungen, die Pickel, die unkontrollierbaren Wachstumsschübe, die Entscheidung, was man anziehen soll.

Denken Sie nun kurz an die wirklich wichtigen Probleme, vor denen Sie heute in Ihrem Arbeitsalltag stehen. Vergleichen Sie Ihre heutigen Probleme mit denen aus der Schulzeit. Erscheint es Ihnen nicht absurd, wie ernst Sie sich selbst damals genommen haben? Ich versichere Ihnen, daß Sie in zehn Jahren über Ihre derzeitigen Probleme rückblickend dasselbe denken werden.

Wir geben in jedem beliebigen Augenblick immer unser Bestes, gleichzeitig aber wachsen wir an Stärke, Weisheit und Kraft. Die dringenden Probleme von heute verwandeln sich rasch in die entfernten Erinnerungen von morgen.

Wenn Sie noch ein Foto aus Ihrer Schulzeit finden, kleben Sie es in eine Schreibtischlade. Wenn Sie unter Streß stehen, öffnen Sie die Lade und werfen einen genüßlichen Blick auf Ihr Konterfei, von Angesicht zu Angesicht. Es wird Ihnen die richtige Perspektive über den Lauf der Dinge vermitteln und die hervorragende Gelegenheit bieten, über sich selbst herzlich zu lachen. Die Leute pflegen immer zu sagen: „Ich weiß, daß ich eines Tages auf all dies zurückblicken und darüber lachen werde." Diesen Leuten können Sie gleich jetzt darauf antworten: „Warum so lange warten?"

KAPITEL 5

Teambildung:
Belohnung und Anerkennung

Belohnungs- und Anerkennungsprogramme bilden einen wesentlichen Bestandteil jedes von Erfolg gekrönten Versuchs, ein Team aufzubauen. Wenn Sie solche Programme noch um die Gestaltungselemente Spaß und Spiel erweitern, sollten Sie unbedingt dem obersten Prinzip von Spaß am Arbeitsplatz Rechnung tragen: *Denken Sie an den konkret betroffenen Personenkreis.* Kommt Ihnen das bekannt vor?

„In unserer Firma werden wir für langjährige Tätigkeit im Dienste des Unternehmens belohnt, und zwar für fünf- und zehnjährige Firmenzugehörigkeit", erzählt Delbert Nokia, der in leitender Stellung in der Abteilung für Informationssysteme einer großen Telekommunikationsfirma tätig ist. „Allerdings freut sich niemand so richtig über die Belohnung. Für fünfjährige Firmenzugehörigkeit darf man sich ein Geschenk aus dem Geschenkekatalog des Unternehmens aussuchen. Darin finden sich zweifelsohne teure Geschenke, wie zum Beispiel Bleikristallvasen, die manchen Leuten sicherlich gefallen mögen. Viele von uns wollen jedoch nicht jeden Tag Schnittblumen im Haus herumstehen haben. Manche wohnen in Wohnwägen, die nach dem letzten Tornado noch immer nicht zur Gänze repariert sind. Diese Leute würden sich eher über einen Geschenk-Gutschein von *Toys'R'Us* freuen, mit dem sie Spielsachen für ihre Kinder kaufen könnten. Das einzige Geschenk, das wirklich alle begeistert, ist das Weihnachtsgeschenk. Da erhalten die Leute statt der Firmen-Weihnachtsfeier einen Geschenk-Gutschein über 15 Dollar für den Supermarkt

Ich erhielt als Anerkennung für meine fünfjährige Firmenzugehörigkeit einen Brieföffner mit Bleikristallgriff. Ich besitze aber bereits einen Brieföffner, den ich sehr gern mag, nämlich ein kleines Schwert, das ich in New Orleans erstanden habe, deshalb liegt der Nobelbrieföffner in meiner Schreibtischlade, und ich nehme ihn nie heraus.

Man hat das Gefühl, daß sich das Unternehmen darüber im klaren ist, daß es uns eine Belohnung für unsere langjährigen Verdienste zukommen lassen sollte, damit es den Anschein hat, wir würden dem Unternehmen etwas bedeuten. Jedoch denkt man nicht wirklich ehrlich darüber nach, und das ist der Grund dafür, daß die Belohnung auch keinen Einfluß auf die Arbeitsmoral hat – das genaue Gegenteil ist der Fall. Es hat den Anschein, als ob die Firma rein *pro forma* handle. Vermutlich könnte man sogar eine Menge Geld sparen, wenn man sich, anstatt das Geld für die Geschenke aus Bleikristall auszugeben, einfach die Zeit nähme, darüber nachzudenken, was wir wirklich gern hätten."

Der Grund für die mit einem einheitlichen Belohnungs- und Anerkennungssystem verbundenen Schwierigkeiten, wie Delbert sie beschreibt, ist darin zu suchen, daß es sich hier um eine Vorgangsweise handelt, die jeder persönlichen Note entbehrt. Anstatt sich über den konkret betroffenen Personenkreis Gedanken zu machen, läßt das Unternehmen allen die gleiche Art von Belohnung zukommen. Wird eine Belohnung finanzieller Natur oder eine Prämie mit Spaß und Spiel verknüpft, so wird daraus ein persönliches Ereignis, das dem Empfänger der Belohnung viel besser in Erinnerung bleibt. Ohne zusätzlichen Kostenaufwand kann die Belohnung stark an Bedeutung gewinnen. Wenn Sie eine auf Spaß und Spiel basierende Komponente in das Belohnungsschema Ihres Unternehmens einfließen lassen, werden sich Ihre Angestellten nicht nur über die Belohnung an sich freuen, sondern auch über die Art und Weise, wie man sie ihnen zuteil werden läßt. Wenn Sie den Moment der Belohnung und Anerkennung mit Spaß verbinden können, dann werden Ihre Angestellten noch lange Zeit später darüber reden, und Ihnen ist es damit gelungen, die Auswirkungen dieses denkwürdigen Moments auf die Teambildung um ein Vielfaches zu erhöhen.

...

Dr. Jeff Alexander von der Zahnarztpraxis *Youthful Tooth* stellte im Zuge einer Monatsabrechnung fest, daß er jedem seiner Mitarbeiter für den vergangenen Monat eine Prämie von 200 Dollar auszahlen könnte. Er wußte jedoch, daß sich seine Mitarbeiter, wenn er einen um 200 Dollar höheren Betrag auf ihre Gehaltsabrechnung schreiben ließ, zwar eine Weile freuen, den Betrag dann aber wahrscheinlich für etwas „Praktisches" ausgeben würden. Folglich investierte Dr. Alexander etwas mehr Zeit, Energie und Kreativität und fand eine vergnüglichere Möglichkeit, das Prämiengeld auszugeben – eine Methode mit wesentlich nachhaltigerem Effekt.

Eines Nachmittags schloß Dr. Alexander für zwei Stunden seine Praxis und nahm sämtliche 35 Mitarbeiter seiner Zahnarztpraxis mit in ein Einkaufszentrum. Dort bat er sie, sich im Kreis aufzustellen, und händigte jedem einen Umschlag mit 200 Dollar in bar aus.

„Das ist nicht Ihr Geld", erklärte er ihnen. „Das Geld gehört mir, aber was immer Sie sich innerhalb der nächsten Stunde darum kaufen, soll Ihnen gehören. Die Regel lautet: Sie müssen um das gesamte Geld Geschenke für sich persönlich kaufen. Sie haben eine Stunde Zeit, um es auszugeben, und Sie müssen mindestens fünf verschiedene Gegenstände kaufen. Sollte nach der Stunde noch etwas von dem Geld übrig sein, dann bekomme ich es zurück. Also, los!"

Dr. Alexander berichtete, daß seine Angestellten die darauffolgende Stunde damit verbrachten, wie die Verrückten von einem Laden zum nächsten zu laufen und einander nach allen

Seiten hin zuzurufen, welche Schätze sie gefunden hatten. „Wenn ich ihnen nur das Geld gegeben hatte, hätten Sie es auf die Bank gelegt oder Rechnungen damit bezahlt", findet Dr. Alexander. „Das hier haben sie wirklich genossen – und ich hatte meine Freude daran, mitzuverfolgen, wieviel Spaß sie dabei hatten."

Zur nächsten Mitarbeiterbesprechung brachte jeder die Geschenke, die er für sich gekauft hatte, mit, um sie allen zu zeigen und zu erzählen, auf welch abenteuerliche Weise er sie erstanden hatte.

Die Tatsache, daß die Überreichung des Prämienbetrages in einer so unerwartet heiteren Atmosphäre erfolgte, bot Dr. Alexander eine besonders gute Gelegenheit, die Teambildung unter seinen Mitarbeitern zu forcieren. Der Ausflug in das Einkaufszentrum ermöglichte es seinen Angestellten, in einer positiven sozialen Umgebung, die mit ihrem üblichen Arbeitsumfeld ganz und gar nichts zu tun hatte, miteinander umzugehen.

Dr. Alexanders Basiskonzept kann durchaus auch dann umgesetzt werden, wenn nur bescheidenere Mittel zur Verfügung stehen. Catherine Jackson, Direktorin eines College-Cateringdienstes, wurde durch Dr. Alexanders Geschichte dazu angeregt, ihre Sekretärin in ein nahe dem Büro gelegenes Einkaufszentrum zum Mittagessen einzuladen. „Während des Essens sagte ich ihr, was ich an ihr so schätze – lauter Dinge, die zu sagen ich mir vorher nie die Zeit genommen hatte. Nach dem Mittagessen drückte ich ihr 50 Dollar in die Hand und sagte ihr: ‚Nehmen Sie sich die nächste Stunde frei, bummeln Sie durch das Einkaufszentrum, und kaufen Sie sich ein Geschenk von mir!'"

Am anderen Ende des Bogens der finanziellen Möglichkeiten gab die *Ford Motor Company* an einem einzigen, denkwürdigen Abend über eine Million Dollar aus und demonstrierte damit, daß Dr. Alexanders Idee sich auch sehr gut für luxuriösere Budgets eignet. Ford mietete eines Abends von 18.30 Uhr bis Mitternacht das Warenhaus Nordstrom im Herzen San Franciscos und verteilte an jeden der 250 Ford-Verkaufsleiter mit den höchsten Umsätzen, welche sich gerade anläßlich einer Tagung des Bereichs Inlandsverkauf in San Francisco aufhielten, 5.000 Dollar, die sie dort ausgeben sollten. Ford engagierte einige Sportlerpersönlichkeiten, welche die Verkaufsleiter bei ihrer Einkaufsorgie begleiteten. Laut Herb Caen, dem Kolumnisten der Zeitung *San Francisco Chronicle*, feierte beispielsweise einer der prominenten Sportler rauschende Erfolge in der Schuhabteilung, wo er als Verkäufer für die *Fordniks* agierte.

Wie schon die *Youthful-Tooth*-Mitarbeiter oder auch Catherine Jackson und ihre Sekretärin schrieben auch die Ford-Verkaufsleiter an jenem Abend ein Stück gemeinsamer Geschichte, eine Geschichte voll vergnüglicher Erinnerungen, die sie in den folgenden Monaten gemeinsam erörtern konnten.

Gleichgültig, wie hoch Ihr Budget ist, Sie können die Prämie immer mit einem lustigen Erlebnis verbinden.

··

EINMAL PRO WOCHE: 52 WEGE ZU SPASS AM ARBEITSPLATZ

··

21 | Begeben Sie sich in gute Gesellschaft

Unter einer Bank wird wohl allein schon aufgrund ihres Aufgabengebietes kaum jemand eine sorglose, unbekümmerte Institution verstehen. Die *Wells Fargo Bank* im Norden Kaliforniens hat jedoch eine ausgezeichnete Methode entwickelt, bei der Würdigung der Verdienste ihrer Mitarbeiter die Belohnung mit einer Portion Spaß zu verknüpfen. Das *Wells-Fargo*-Programm, das unter dem Titel „In guter Gesellschaft" lief, basierte auf dem Konzept, daß alle *Wells-Fargo*-Mitarbeiter dazu ermutigt werden sollten, ihren Kollegen Lob und Dank auszusprechen. „In guter Gesellschaft" war ein Belohnungs- und Anerkennungsprogramm, im Rahmen dessen die Mitarbeiter einen Kollegen aus ihren Reihen auswählen und ihm eine Auszeichnung verleihen.

Stufe 1, die unter der treffenden Bezeichnung „Belohnung in bar" lief, sah für alle Ganztagsbeschäftigten der Bank eine Prämie von 500 Dollar vor und für die Teilzeitbeschäftigten jeweils 50 Dollar. In Stufe 2 hingegen, die „Eine Möglichkeit, anderen zu danken" benannt war, ließ sich die Bank etwas wirklich Originelles einfallen. Sämtliche Bankangestellten erhielten einen Gutschein über 35 Dollar, den sie einem Kollegen ihrer Wahl zur Belohnung überreichen sollten. „Mit guten Kollegen zusammenzuarbeiten, trägt zur Bereicherung unseres Arbeitsalltags bei; wenn wir uns in ihrer Gesellschaft befinden, können wir mehr erreichen", schrieb die Bank, als sie das Programm ankündigte. „Die Stufe 2 des Programms ‚In guter Gesellschaft' bietet Ihnen Gelegenheit dazu, einem Kollegen, der Ihnen bei der Bewältigung der mit Ihrem Job verbundenen Mühen geholfen hat, ein besonderes *Dankeschön* in bar auszusprechen, und zwar folgendermaßen:

Wenn Sie Gehaltsempfänger sind, werden Sie in den nächsten Tagen einen Blankogutschein mit Abreißkupon erhalten. Auf dem Gutschein steht ‚Sie sind ein guter Gesellschafter'. Nun liegt es bei Ihnen, diesen Gutschein einer Person Ihrer Wahl als Dankeschön zu überreichen. Tragen Sie den Namen der betreffenden Person auf Gutschein und Kupon ein und merken Sie an, welche Qualität(en) Sie an Ihrem Kollegen oder Ihrer Kollegin schätzen. Ist diese Person ein Vorbild für Sie? Ist sie immer kooperativ? Hat sie immer zur rechten Zeit die rechte Information für Sie zur Hand? Handelt es sich um jemanden, der für reibungslose Abläufe im Büroalltag sorgt oder stets die Atmosphäre auflockert? Sie haben die Chance, darüber nachzudenken und Stellung zu beziehen, wer wirklich etwas bewegt.

Überreichen Sie den Gutschein dem Empfänger Ihrer Wahl und bedenken Sie, daß Sie ihm mehr als ein Stück Papier übergeben: Die Einlösung eines Kupons bringt 35 Dollar, und die

110

Anzahl der Kupons, die ein Mitarbeiter erhalten und einlösen kann, unterliegt keiner Beschränkung."

Die Vergabe des „Sie sind ein guter Gesellschafter"-Kupons war äußerst einfach. Das Bankhaus *Wells Fargo* half seinen Mitarbeitern bei der Entscheidung, wer die 35-Dollar-Prämie bekommen sollte, durch entsprechende Gestaltung des Kupons. Dieser beinhaltete nämlich auch eine Checkliste mit einer Reihe von Vergabegründen, und zwar:

Mit diesem Kupon sage ich auf meine Art DANKE dafür,
- *daß für Sie der Kunde immer zuerst kommt;*
- *daß Sie sich immer besonders bemühen;*
- *daß Sie so kreativ arbeiten;*
- *daß Sie oft die Initiative ergreifen;*
- *daß Sie jede noch so schwierige Aufgabe bewältigen;*
- *daß Sie mir immer wieder helfen, etwas fertigzubekommen;*
- *daß Sie jemand sind, auf den ich mich verlassen kann;*
- *daß Sie alles von der heiteren Seite nehmen;*
- *daß Sie mich zu immer besseren Leistungen anspornen;*
- *daß Sie so lange nicht aufgeben, bis etwas so ist, wie es sein soll;*
- *sonstige Gründe: ...*

Die Bank unterstützte das Programm mit einem „In guter Gesellschaft" benannten, regelmäßigen Rundschreiben und einer Telefon-Hotline zur Abklärung von Fragen in bezug auf Vorgangsweise und Qualifikationskriterien. Nachdem alle Gutscheine vergeben und in einer Liste erfaßt worden waren, bedachte *Wells Fargo* die 31 Mitarbeiter, die die meisten Kupons erhalten hatten, mit einer ganz besonderen Aufmerksamkeit. Alle 31 Mitarbeiter wurden in verschiedenen Ausgaben des Rundschreibens „In guter Gesellschaft" mit Fotos und Lobeshymnen seitens ihrer Kollegen vorgestellt. Ferner gaben Carl Reichardt, der Aufsichtsratsvorsitzende, und der Vorstandsvorsitzende der Bank, Paul Hazen, zu Ehren dieser Mitarbeiter ein Bankett.

Anläßlich dieses Banketts durften sich die Sieger aus insgesamt 101 Preisen etwas aussuchen. Die Liste mit den Preisen kursierte in der Bank und umfaßte eine breite Auswahl, der es an Originalität nicht mangelte. Darunter befanden sich beispielsweise:

Ein ungewöhnliches Zusammentreffen mit Führungskräften („Eine 200-Dollar-Einkaufstour in Carl Reichardts Lieblingsgeschäft ‚Banana Republic' und ein Mittagessen in Paul Hazens Lieblingsrestaurant ‚Burger King' – spendiert von Carl und Paul"; „Carl Reichardt, Paul Hazen oder einer der stellvertretenden Vorsitzenden macht einen Tag lang *Ihren* Job – Sie führen ihn ein und coachen ihn").

Familiäre Unterstützung („Altenbetreuung im Wert von 1.000 Dollar"; „20 Stunden Nachhilfeunterricht für Ihr Kind").

Sinnesfreuden („Eine zweistündige Körpermassage am 15. April"; „Das ganze nächste Jahr lang jeden Monat zwei Pfund Kekse von Mrs. Field").

Exkursionen („Ein Wochenende für zwei Personen in einer Weingegend, dazu eine Kiste Wein"; „Eine Rundum-Pflege in einem Schönheitssalon Ihrer Wahl").

Spaß im Büro („Ein Jahr lang wird Ihnen jeden Monat einen Strauß Luftballons ins Büro geliefert"; „Frühstückskaffee und Croissants für Ihre gesamte Abteilung, serviert von Ihrem Gruppenleiter").

Spaß für die Familie („Ein Kinder-Geburtstagsfest in der *Wells-Fargo*-Kutsche"; „Vier Jahreskarten für Disneyland, Magic Mountain, Knot's Farm, Sea World, Great America oder Marine World Africa USA").

Fitneß („Neue Gymnastikkleidung und ein Vormittag im Gymnastikklub"; „Die Aufnahmegebühr für Mitglieder und die Gebühren für den ersten Monat für ein Schwimmbad oder einen Fitneß-Klub").

Kulturelle Bereicherung („Ein Globus mit Ständer"; „Jahresmitgliedschaft bei einem Buchklub – das Jahreskontingent an Büchern erhalten Sie gratis").

Unterhaltung („Zwei Karten für eine Silvestergala"; „Innerstädtischer Limousinendienst zu einem Spiel der *Dodgers*, *Dodger*-Jacken, Logenplätze, Hot Dogs, Bier oder Limo für Sie und Ihre Tochter oder Ihren Sohn").

Unerwartete Geschenke („Ein Sack Dünger für Ihren Garten – persönlich geliefert von den Zugpferden der *Wells-Fargo*-Kutsche"; „Ein Jahr lang Gratis-Strumpfhosen").

Und der Preis, der mir persönlich am besten gefällt, da er eine Art *Unsterblichkeit im Unternehmen* verleiht: „Eine Speise auf der Speisekarte der *Wells-Fargo*-Kantine wird nach Ihnen benannt."

(Auf Seite 129 finden Sie die ungekürzte Liste der 101 Preise).

. . . .

Einmal pro Woche: 52 Wege zu Spass am Arbeitsplatz

. . . .

22 | Sorgen Sie für Belohnung und Anerkennung aus den eigenen Reihen

Wie könnte nun ein Programm wie das *Wells-Fargo*-Programm „In guter Gesellschaft" in einem kleineren Unternehmen oder innerhalb einer einzelnen Abteilung einer größeren Firma aussehen, welche(s) vielleicht nicht über die finanziellen Mittel zur Umsetzung des vollen Programmumfanges verfügt? Die Kernidee dieser Belohnung und Anerkennung aus den eigenen Reihen kann mit etwas Kreativität auf Budgetmittel unterschiedlichster Höhe abgestimmt werden. Zwei Unternehmen, die einen Weg gefunden haben, diese Kernidee auf ihre spezifischen Bedürfnisse zuzuschneiden, sind *Pacific Bell Directory* in Nordkalifornien und *Miramar Publications,* ein Zeitschriftenverlag in San Diego.

Pacific Bell Directory führte eine Auszeichnung unter dem Schlagwort „Erwischt!" ein. Diesen Preis konnte jeder in der Firma einem anderen Kollegen, den er bei der Erledigung außertourlicher Arbeiten „erwischte", verleihen. Jeder Mitarbeiter erhielt eine Anzahl von „Erwischt!"-Gutscheinen im Wert von je 5 Dollar. Gleichgültig, ob sie nun dem Management angehörten oder nicht, wurde allen Mitarbeitern die gleiche Anzahl an Gutscheinen ausgehändigt. Sobald nun jemand entdeckte, daß ein Kollege oder eine Kollegin eine gute Leistung erbrachte, sollte er oder sie laut „Erwischt!" rufen und der betreffenden Person zur Belohnung auf der Stelle den Gutschein im Wert von 5 Dollar übergeben.

„Die 5 Dollar haben nur symbolischen Wert", meint Vance Lampert, ein Mitarbeiter von *Pacific Bell Directory.* „Jeder weiß das. Wichtig dabei ist, daß man sich ungeheuer darüber freut, wenn die Leute, mit denen man zusammenarbeitet, auch merken, daß man hart arbeitet. Ich hatte die Geschichte mit dem „Erwischt!"-Programm vollkommen vergessen, als ich das erste Mal einen der Gutscheine erhielt, aber die Person, die ihn mir übergab, machte viel Aufhebens davon und überreichte ihn mir im Beisein der ganzen Mannschaft. Sie wissen schon: ‚Stellen Sie die Maschinen ab, hier haben wir eindeutig jemanden *erwischt.*' Ich mußte den ganzen Tag lang schmunzeln."

Miramar Publications, ein Unternehmen mit 75 Mitarbeitern, variierte das Programm „In guter Gesellschaft" und baute es in sein Belohnungs- und Anerkennungsprogramm zu Jahresende ein. Das Unternehmen gab jedem nicht dem Management angehörenden Mitarbeiter 10 Dollar und jedem Manager 100 Dollar. Jeder Mitarbeiter des Unternehmens sollte eine anonyme Mitteilung an einen Kollegen schreiben und sich darin für etwas bedanken oder ihn für etwas loben und den Geldschein in den gleichen Umschlag stecken. Laut Bericht des Vorstandsvorsitzenden von *Miramar,* Tim Novoselski, verursachte die Entscheidung über den Wunschkandidaten manchen Teilnehmern heftige Kopfzerbrechen: „Einer der Manager kam zu mir und meinte: ‚Ich kann mich einfach nicht entscheiden, welche der beiden mir unterstellten Damen ich wählen soll – beide haben dieses Jahr hervorragende Arbeit geleistet. Beiden würde das Geld gebühren. Wie wäre es, wenn ich zwei Briefe schreibe und einfach jeder der beiden 50 Dollar gebe?'"

„Ich sagte ihm, das könne er nicht machen", meinte Tim. „Ich erinnerte ihn daran, daß dem Programm die Idee zugrunde liegt, jemand solle 100 Dollar erhalten. Mir nichts, dir nichts 100 Dollar zu bekommen, ist ein schönes Gefühl. Ich sagte ihm, er müsse sich eben einfach entscheiden."

„Das kann ich nicht", antwortete er.

„Dann werden Sie wohl noch einen Hunderter aus Ihrer eigenen Tasche dazulegen müssen", erklärte ihm Tim. „Ich sagte dies halb im Spaß – nie hätte ich gedacht, daß er es wirklich tun würde. Aber er strahlte, als ich ihm diesen Vorschlag machte. ‚Sie haben völlig recht', sagte er. ‚Genau das werde ich tun.' Und er tat es auch wirklich."

Ich könnte wetten, daß die 100 Dollar aus der eigenen Tasche dieses Managers sowohl den Spender als auch den Empfänger der Belohnung wesentlich mehr beeindruckten als die vom Unternehmen gestifteten 100 Dollar. Wenn man einem Kollegen ein Zeichen der Anerkennung gibt, dann ist die Absicht, mit der das Geschenk gemacht wird, oft wichtiger als das Geschenk selbst.

Selbst eine einfache kleine Aufmerksamkeit, deren Wert, in Geld ausgedrückt, völlig unbedeutend ist, kann eine enorme Wirkung auf den Empfänger ausüben, wenn sie ehrlich und aus ganzem Herzen geschenkt wird. Zwischen einer künstlichen, nicht von Herzen kommenden, einfachen, kleinen Aufmerksamkeit und einer ehrlich gemeinten, von Herzen kommenden, einfachen, kleinen Aufmerksamkeit besteht ein gewaltiger Unterschied!

EINMAL PRO WOCHE: 52 WEGE ZU SPASS AM ARBEITSPLATZ

23 Setzen Sie auf Stolz

Lob und Anerkennung müssen nicht immer mit zusätzlichen finanziellen Aufwendungen einhergehen. Oft ist es weder praktisch noch angemessen, kleinere alltägliche Besorgungen, die man von jemandem schon aufgrund seiner Stellenbeschreibung erwarten darf, finanziell zu belohnen. Anerkennung für eine gute Leistung ist jedoch niemals fehl am Platz.

Wenn wir unter Anerkennung die Tatsache verstehen, einen Kollegen ins rechte Licht positiver Aufmerksamkeit zu rücken, dann kann diese Anerkennung beispielsweise ganz einfach dadurch ausgedrückt werden, daß Sie einem Mitarbeiter Ihres Teams eine Mitteilung schicken, in der Sie seine Leistung würdigen. Anerkennung kann auch durch Stimmlage oder Wortwahl zum Ausdruck gebracht werden. Ein Manager erzählte mir, er sei zusammen mit seinem Chef auf einer Cocktail-Party gewesen, wo dieser ihn einem seiner Kollegen als „jemand, der *mit* mir arbeitet" und nicht als „jemand, der *für* mich arbeitet" vorstellte. Dazwischen lagen Welten!

116

Manchmal ist es erforderlich, Anerkennung unter vier Augen auszusprechen: Dem einen oder anderen Mitarbeiter oder Kollegen wird allzuviel öffentliche Aufmerksamkeit vielleicht peinlich sein; das nötige Gespür dafür ist sehr wichtig. Wenn Anerkennung mit Spaß, Originalität und Feiern gekoppelt ist, wird sie natürlich noch wesentlich mehr Wirkung zeigen.

Al Cheli, der für die Ostküste zuständige Lagerleiter und -disponent von *Crate and Barrel* in Newark, New Jersey, fand, daß sein Lagerhaus-Team mehr Ansehen innerhalb des Unternehmens verdiente. Schließlich waren es genau diese Leute, die immerfort im Hintergrund schufteten, die Lastwagen mit Möbeln und Hausrat beluden und die Geschäfte Tag für Tag mit Waren belieferten. Aus diesem Grund erfand Al die Kampagne „Mit Stolz erfüllt", die einerseits ausdrücken sollte, daß die Arbeiter stolz auf ihren Job waren, und andererseits verdeutlichen sollte, daß man den jeweiligen Kunden schätzte und seinen Auftrag „mit Stolz erfüllte". Al ließ ein riesiges Transparent mit der Aufschrift „Mit Stolz erfüllt" anfertigen und an der Verladerampe aufhängen. Immer wenn ein LKW vollgeladen war, schoß Al ein Polaroid-Foto des Verladeteams, das unterhalb des Transparents Aufstellung genommen hatte. Dieses Foto wurde dann der Warensendung beigelegt.

In der Management-Sitzung, in der Al seine Idee vorgebracht hatte, erhoben sich die Kaufhausdirektoren spontan und bereiteten ihm Standing ovations. Jetzt, sagt er, erhält sein Team persönlich verfaßte Dankschreiben und positive Reaktionen von den Kaufhausdirektoren. „Sie wissen jetzt, mit wem sie es zu tun haben. Jetzt sind wir keine anonyme Lagermannschaft mehr", meint er. „Die Rückmeldungen aus den Kaufhäusern sind uns ein großer Ansporn. Die beste Rückmeldung haben wir von einem Kaufhaus erhalten, das uns seinerseits ein Gruppenfoto schickte, unter welchem stand: ‚Mit Stolz entgegengenommen!'"

24 | Werden Sie ein Vielflieger

Bob Rich und Monte Anglin, zwei Manager von *IBM Storage Systems* in San José, Kalifornien, wollten die Aufmerksamkeit ihres Unternehmens darauf lenken, daß Belohnung und Anerkennung zum Alltag gehören sollten. „Wir wollten einfach, daß die Leute einander öfter am Tag Dankeschön sagen", erinnert sich Monte. Zu diesem Zweck erfand Bob das IBM-Vielflieger-Programm, das er in Anlehnung an die Vielflieger-Programme der Fluglinien konzipierte.

Bob kaufte zunächst für jede Abteilung innerhalb des Unternehmens eine „Trophäe" in Gestalt eines Flugzeugmodells. Um die Sache in Schwung zu bringen, ersuchte er einen Manager in jeder Abteilung, die Trophäe einem ihm unterstellten Mitarbeiter zu verleihen. Dabei waren nur zwei einfache Regeln zu befolgen: (1) Der „Flug" endete jeweils freitags, und (2) ein „Flugplan" war einzureichen.

Diese beiden Regeln bedeuteten, daß (1) der Empfänger der Trophäe diese jeweils freitags einem anderen Mitarbeiter in der Organisation (weiter)verleihen mußte und (2) man bei der Vergabe der Trophäe eine kurze schriftliche Begründung (den sogenannten „Flugplan") abgeben mußte, welche die Vergabe der Auszeichnung an den neuen Empfänger rechtfertigte. Dieser Flugplan wurde daraufhin in der Vielflieger-Verwaltungszentrale abgelegt, dem Empfänger der Trophäe wurden 1.000 Flugmeilen gutgeschrieben und dem Spender 500 Flugmeilen.

Genau wie bei den Vielflieger-Programmen der Fluglinien konnten diese Flugmeilen gegen Prämien eingetauscht werden. Ab einem Stand von 2500 Meilen konnten die Teilnehmer aus einem Katalog Geschenkartikel mit IBM-Firmenlogo auswählen, und zwar von Kaffeetassen und Reiseschirmen bis hin zu einem exquisiten Schreibset oder einem Reisegepäckset. Bei einem Stand von 20.000 Meilen durften die Teilnehmer ihren Meilenstand gegen einen bezahlten Urlaubstag einlösen. Wie zu erwarten war, tendierten die langjährigen Mitarbeiter, die ohnehin mehr Urlaubstage guthatten, als sie wahrscheinlich jemals verbrauchen konnten, eher zu den Geschenken aus dem Katalog, die neu hinzugekommenen Angestellten waren jedoch auf die Urlaubstage aus.

Nach der ersten Runde, in der die Trophäen noch von den Managern verliehen wurden, entwickelte sich das Programm tatsächlich zu einem auf Belohnung und Anerkennung aus den eigenen Reihen basierenden System, an dem Management und Mitarbeiter gleichermaßen partizipierten. Um die Leute dazu zu bringen, über den Horizont ihrer unmittelbaren Kollegenschaft hinauszublicken, wurde für die Vergabe der Trophäe an eine Person außerhalb der eigenen Abteilung die doppelte Meilenanzahl angerechnet. Eine Liste der „Hochflieger"-Mitarbeiter – mit besonders hohem Meilenstand – wurde jede Woche am Schwarzen Brett ausgehängt. Um die Zusammenarbeit zwischen den verschiedenen Arbeitsgruppen zu fördern, wurde das mittlere Management zur Vergabe von Bonusmeilen an Mitglieder anderer Teams zum Dank für deren Unterstützung und Hilfeleistung bei gemeinsamer Projektarbeit ermächtigt.

Anfangs vergaben die Teilnehmer die Trophäen meist für Ereignisse, die im vergangenen Jahr stattgefunden hatten und nicht gebührend gefeiert worden waren. Irgendwann jedoch ging den Teilnehmern der Vorrat an „bequemen" Gründe aus, weshalb sie dazu übergehen mußten, einander eingehender zu beobachten.

Ein Jahr nach Einführung des Programms hatten die Mitarbeiter von *IBM Storage Systems* nicht nur alle erdenklichen Gründe dafür gefunden, sich gegenseitig die Trophäe zu verleihen, sie hatten auch damit begonnen, einander wesentlich öfter als zuvor Worte des Lobes auszusprechen. Auch wenn sie die Trophäe gerade nicht in Händen hielten und vergeben konnten, so beobachtete Monte, behielten sie die Angewohnheit, einander in aller Öffentlichkeit spontan zu würdigen, bei. Durch das Vielflieger-Programm hatte die Idee, jeden Tag Belohnung und Anerkennung zu verleihen, Einzug in das berufliche Alltagsleben halten können.

25 Rubbeln und gewinnen Sie

Kurz nach Beendigung umfangreicher Renovierungsarbeiten in allen Läden der Drugstore-Kette *CVS* im Gebiet von Washington D.C. machte es sich das Management von *CVS* zur Aufgabe, den Kunden, die in die „neuen und noch besseren Läden" strömten, einen höheren Standard an Kundenbetreuung zu bieten. Aus diesem Grund rief Larry Merlo, der für die Filialen zuständige Bereichsleiter, die Kampagne „Rubbeln und gewinnen Sie!" ins Leben, um die Filialleiter bei der Verbesserung der Kundenbetreuung zu unterstützen.

Sein Konzept war einfach und unterhaltsam. Die *CVS*-Filialleiter und Gebietsverkaufsleiter erhielten Hefte mit Rubbelkarten, die sie den Angestellten als spontane Belohnung für außergewöhnliche Kundenservice-Leistungen aushändigen sollten. Die Filialleiter wurden ferner dazu angehalten, den Mitarbeitern klar und deutlich zu verstehen zu geben, warum sie die betreffende Leistung so sehr schätzten. So sollten sie bei der Übergabe der Karten beispielsweise sagen: „Sie haben auf die Bitte, etwas auf dem Kassenstreifen nachzuprüfen, sehr rasch reagiert. Gute Arbeit!"

„Wir hielten es nicht für notwendig, den Wert der Rubbelkarten besonders hoch anzusetzen", meinte Fred McGrail, der für Kommunikation zuständige *CVS*-Direktor. „Schließlich kam es darauf gar nicht an; entscheidend war, daß der Empfänger seinen Spaß hatte, wenn er eine Karte erhielt. Die meisten Gewinne kosteten uns pro Stück weniger als einen Dollar." Wenn ein Mitarbeiter eine Rubbelkarte erhielt, mußte er das *CVS*-Firmenlogo wegrubbeln, um zu sehen, was er gewonnen hatte, zum Beispiel: (1) „Sie können bei einer ihrer nächsten Schichten selbst auswählen, welche Arbeiten Sie verrichten", (2) einen Softdrink gratis, (3) einen Snack gratis (z. B. eine Packung Chips) oder (4) „Sie zahlen beim Kauf eines beliebigen Artikels in diesem Laden um 50 Cents weniger".

Larry Merlo wußte zu berichten, daß ein wichtiger Effekt der Aktion, der sich sofort bemerkbar machte, darin bestand, daß Filialleiter, denen es vorher schwergefallen war, ihre Mitarbeiter zu loben, es nun leichter fanden, auf diese Weise „Danke" zu sagen. Aufgrund des Rubbelkarten-Systems stieg die Anzahl an positivem Feedback, den die Filialmitarbeiter erhielten, sprunghaft an.

Filialangestellte, die mehr als eine Karte erhielten, erzählten ihren Kollegen oft, warum sie sie erhalten hatten: „Dies ist meine dritte Karte. Eine habe ich dafür bekommen, daß ich die Vitaminpräparate in der Apotheke geordnet habe, eine weitere, weil ich einer Kundin bei der Suche nach den geeigneten Aspirin-Tabletten für ihr Kind geholfen habe." Mitarbeiter, die Geschichten über die Rubbelkarten erzählten, „trugen zur weiteren Verbesserung unseres hohen Standards in der Kundenbetreuung bei, indem sie die anderen zur Leistung anspornten", fügte Larry Merlo hinzu.

Wie bei jeder innovativen Idee „sollte man diese nicht zu sehr strapazieren, sonst verliert sie an Wirkung", meinte Merlo. „Wir haben deshalb die Rubbelkarten nach drei Monaten aus den Läden abgezogen. Ein halbes Jahr später, in der Weihnachtszeit, die unsere umsatzstärkste Saison ist, haben wir sie wieder eingeführt. Diesmal allerdings wurden alle unsere Läden einbezogen, nicht nur jene in Washington D.C." Merlo stellte dann eine interessante Frage: „Wie kann man das Niveau der positiven Verstärkung durch die Filialleiter aufrechterhalten, wenn ihnen gerade keine unternehmensweiten Kampagnen, wie beispielsweise die Rubbelkarten-Aktion, zur Verfügung stehen? Was sollten sie in den sechs Monaten dazwischen tun?"

„Wir haben unsere Filialleiter dazu ermutigt, nach Gutdünken einige Mittel lockerzumachen und Erfindungsgeist bei der Belohnung ihrer Mitarbeiter walten zu lassen. Einige Filialleiter kauften 20 Kinokarten und überreichten sie ihren Mitarbeitern als spontane Belohnung, andere vergaben zum Dank für eine besondere Leistung Gutscheine für einen Gratis-Hausputz. Sie haben die Kernidee des Rubbelkarten-Systems und das Konzept der spontanen Belohnung übernommen und auf dieser Basis ihre eigene Version erfunden. Sie wissen, daß wir für solche Angelegenheiten immer Gelder zur Verfügung stellen werden."

26 Danken Sie den Familienangehörigen

Marilyn Waters, Vorstandsvorsitzende von *Watermark Public Relations* in Melbourne, Florida, mußte ihren Mitarbeitern über einen Zeitraum von drei Monaten hindurch wegen verschiedener wichtiger Projekte Überstunden abverlangen. Nach erfolgreichem Abschluß der Projekte wollte Marilyn ihren Mitarbeitern für deren Mehrleistungen gebührend danken. Sie wollte sich dabei aber nicht nur an die Angestellten selbst wenden, sondern auch an die „Hilfsmannschaft zu Hause", nämlich die Ehepartner und Eltern ihrer Mitarbeiter.

Marilyn schrieb sechs sehr persönlich gehaltene Briefe (fünf an die Ehepartner ihrer Mitarbeiter, einen an die Eltern eines jungen Mannes, der noch im Elternhaus wohnte). Darin führte sie detailliert aus, wieviel es ihr bedeutete, Mitarbeiter wie den betreffenden Ehepartner (oder Sohn) in ihrem Team zu haben, und dankte ihnen dafür, daß sie die vielen Überstunden in Kauf genommen hatten.

Im folgenden ein Beispiel für eines von Marilyns Schreiben, und zwar an den Ehemann einer Werbekontakterin:

Lieber Claude!

Der Grund meines Schreibens ist der, daß ich Ihnen mitteilen möchte, wieviel positive Energie Monica bei Watermark einbringt. Sie ist bei ihrer Arbeit stets darauf bedacht, unseren Kunden die bestmögliche Betreuung angedeihen zu lassen und den Ruf unseres Unternehmens zu verbessern – sie macht das sehr gut.

Es ist wahrhaft ein Vergnügen, zu beobachten, wie Monica sich entwickelt und an Fachwissen gewinnt. Sie hält ständig nach Möglichkeiten Ausschau, wie sie selbst und unser gesamter Mitarbeiterstab noch besser werden können; und ihre Einstellung wirkt ansteckend.

Ich möchte auch Ihnen für Ihre Unterstützung danken! Unsere Arbeitszeit (wie auch unsere Belegschaft) spielt manchmal verrückt. Ich danke Ihnen für das Verständnis, das sie Monica und Watermark während dieser Zeit entgegengebracht haben.

Mir liegt wirklich sehr daran, meine Mitarbeiter wissen zu lassen, wie sehr ich sie schätze. Sie, Claude, an meinen Gedanken teilhaben zu lassen, bietet mir eine weitere Gelegenheit, Monica meinen Dank auszusprechen.

Herzlichst
Marilyn Waters

Marilyn berichtete, daß sie auf ihre Briefe hin mehrere Schreiben und Telefonanrufe erhalten hatte. Die hocherfreuten Ehepartner wollten ihr mitteilen, wieviel es ihnen bedeutete, daß ihre Lieben an ihrem Arbeitsplatz so sehr geschätzt wurden.

27 | Hegen und pflegen sie die menschliche Seite

Jesse M. Smith, Vorstandsdirektor der *American Compensation Association* in Scottsdale, Arizona, entwickelte für seine Mitarbeiter eine „Auszeichnung für hervorragende Leistungen", die vom Konzept her einfach, von ihrer Wirkung her jedoch phänomenal ist. Jeder Mitarbeiter des Unternehmens kann für diese Auszeichnung, bei der ihm ein Bargewinn von ein paar hundert bis zu mehreren tausend Dollar ins Haus steht, durch einen Kollegen nominiert werden. Diese Vorschläge werden dann von einem Nominierungskomitee, das sich aus je einem Vertreter der sechs Arbeitsgruppen des Unternehmens zusammensetzt, im einzelnen geprüft. Die Auszeichnung selbst wird in feierlichem Rahmen überreicht.

Jesse erinnert sich noch sehr gut an die erste feierliche Überreichung der Auszeichnung. „Ich berief alle 55 Mitarbeiter zu einer Sitzung ein und stand mit der Empfängerin der Auszeichnung in dem Saal ganz vorn. Als ich die Stellungnahme des Komitees mit allen Details ihrer guten Leistungen vorlas, hatte ich meinen Arm um ihre Schulter gelegt. Ich überreichte ihr dann den Geldpreis und fügte noch hinzu, daß ich mich freute, sie zu meinen Mitarbeitern zählen zu dürfen.

Nachdem alles vorüber war, fragte ich sie, wie ihr die Feier gefallen hätte. Wissen Sie, was sie mir gesagt hat? Sie erklärte mir, daß sie weder der Geldpreis noch die ihr erwiesene Aufmerksamkeit am meisten beeindruckt hätten, sondern vielmehr die Tatsache, daß ich während der ganzen Zeit meinen Arm um ihre Schulter gelegt hatte."

An die Frage, ob zwischen zwei Kollegen Körperkontakt in irgendeiner Form angebracht ist oder nicht, ist in jedem Fall mit Respekt und Feingefühl heranzugehen. Wenn die Berührung durch einen anderen Menschen jedoch von Herzen und in angemessener Weise erfolgt, kann Wertschätzung dadurch viel wirkungsvoller als durch alles andere übermittelt werden.

....

....

28 | Spielen Sie Kinderspiele

Wenn man unter Druck steht, ist es oft das beste, sich eine Pause zu genehmigen, den Platz, an dem man gerade arbeitet, zu verlassen und Energie zu tanken. Zwingen Sie sich dazu, die Sache für eine Weile zu vergessen: Ein paar Minuten Erholung von einer schwierigen Aufgabe können Ihnen das stundenlange, nervtötende Ringen mit einem Problemfall ersparen. Tatsache ist, daß man manchmal am besten dadurch vorankommt, daß man für kurze Zeit innehält.

Äußerst einfach läßt sich so eine kleine Pause damit gestalten, daß Sie Ihre Lieblingsspiele aus Kindertagen spielen, insbesondere in einer brenzligen Phase eines heiklen Projektes. Peter Frid, der Generaldirektor-Stellvertreter von *KTOO-TV* in Juneau, Alaska, befand sich in einer nicht endenwollenden Fund-Raising-Sitzung, deren Vorsitz Don Rinker, der Vorstandsvorsitzende und Generaldirektor der Fernsehstation, führte. Nach Stunden schwieriger Finanzverhandlungen warf Don einen Blick in die Runde und sah lauter glasige, rote Augen auf sich starren. „Wir haben eine Pause nötig", verkündete er entschlossen.

Don zerrte Peter auf den Gang hinaus und forderte ihn zu einem Münzenwurfspiel heraus. Als die beiden auf allen vieren auf dem Boden umherrutschten, dachte keiner mehr daran, daß sie eigentlich Hunderttausende Dollar für den Sender auftreiben mußten. Sie hatten naheliegendere Sorgen: Wer würde wohl den nächsten Groschen gewinnen?

Peg Bargon, die im Bereich Schulfernsehen tätig ist, hat unter Zuhilfenahme eines bekannten Kinderspiels eine Methode gefunden, die mit Terminarbeit verbundene Anspannung abzubauen. Eines Tages stand Peg unter enormem Arbeitsdruck und bemerkte, daß auch das übrige Team kurz vor dem Zusammenbruch stand. Also ging Peg, die beim Schulfernseh-Dienst in Columbia, South Carolina, für das Marketing verantwortlich ist, in den nächstgelegenen Supermarkt, kaufte einen Sack Murmeln, nahm ihn mit ins Büro und forderte das übrige Team zu einem Wettstreit auf.

„Das beste daran war, daß niemand mehr so richtig wußte, wie man mit Murmeln spielt", meinte Peg, „also setzten wir uns einfach auf den Boden und spielten wie die Verrückten. Viel wichtiger, als zu gewinnen oder verlieren, war für uns, daß wir lachten und einfach zusammen waren, genau das brauchten wir. Wir haben das später öfter gespielt."

Howard Roth, der Chefredakteur des *Magazins Manufacturing Week,* trommelte seine Mitarbeiter um 15 Uhr, eine Stunde vor Drucklegung der Zeitung, zusammen. Howard stellte laute Musik an und forderte alle zu einem Breakdance-Wettbewerb auf. „Wir hatten zwei Tage lang auf Hochtouren gearbeitet", erinnert sich Roth. „Die meisten von uns waren am Vorabend bis acht oder zehn Uhr im Büro, und wir waren schon ziemlich erschöpft.

Natürlich wußte niemand mehr, wie ein Breakdance tatsächlich aussehen sollte, da er schon eine ganze Weile nicht

126

mehr ‚in' war. Nicht, daß einer von uns den Breakdance überhaupt jemals beherrscht hätte, nicht einmal in unseren besten Tagen, aber wir waren so aufgedreht, daß wir angesichts unserer kläglichen Versuche, auf dem Fußboden des Büros herumzuwirbeln, einfach nur lachten und lachten. Einmal mußten wir so sehr lachen, daß wir nicht einmal mehr aufstehen konnten. Am Ende saßen wir alle mit Tränen in den Augen am Boden.

Auf diese Weise tankten wir wieder Energie, und die Zeitung ging selbstverständlich rechtzeitig in Druck."

Belohnen Sie sich selbst für harte Arbeit. Denken Sie daran, eine Pause zu machen, Spiele zu spielen und Spaß zu haben. Danach können Sie sich wieder erfrischt an die Arbeit machen.

· ·

EINMAL PRO WOCHE: 52 WEGE ZU SPASS AM ARBEITSPLATZ

· ·

29 | Verlassen Sie die Startlinie

Immer wenn ein Verkaufsmitarbeiter in der *IBM*-Handelsniederlassung Süd, die für die Bundesstaaten Alabama, Mississippi und Georgia zuständig ist, ein Geschäft abschließt oder einen deutlichen Vorsprung vor der Konkurrenz erreicht, läuft er zu einem großen Gong hinüber und schlägt kräftig darauf, damit jeder im Büro sofort weiß, daß ein Verkauf getätigt wurde. Dann begibt sich der Verkäufer zur sogenannten „Tele-Verkaufsarena", einer gediegen ausgeführten Miniatur-Pferderennbahn, wo Spielzeugpferde in Reih und Glied am Start stehen und auf ihren Einsatz warten. Sorgfältig sieht er die in die Sättel gesteckten Fotos der „Jockeys" durch, bis er auf einem der Pferde sein eigenes Foto erkennt. Dieses Pferd bewegt er dann aus der Startzone hinaus auf die Rennstrecke. Tätigt dieser Verkäufer an dem Tag einen weiteren Abschluß, so schlägt er wieder den Gong und stellt eine winzige Abbildung des Bundesstaates, in dem der Verkauf stattgefunden hat, unter sein Spielzeug-Pferd.

„Die Grundidee besteht darin, jeden unserer Verkäufer jeden Tag ‚vom Start wegzubringen‘“, meint Karen Donnelly, die in leitender Position im Zentrum für Kundenzufriedenheit tätig ist. „An manchen Tagen legen wir noch zu, dann wird der erste, der den Start verläßt, zum Mittagessen eingeladen. An anderen Tagen wiederum bekommt das erste für einen bestimmten Bundesstaat zuständige Team, das vom Start wegkommt, ein gemeinsames Mittagessen spendiert. Die größten Feiern finden an den Tagen statt, an denen alle Verkäufer vom Start weggekommen sind.“

Jeden Morgen wird der beste Verkäufer oder die beste Verkäuferin des Vortages zusammen mit dem Verkaufsdirektor fotografiert. Dann wählt der Sieger einen Kollegen aus, damit dieser das Morgenlied der Verkäufer auf der Tuba begleitet. „Natürlich kann keiner von uns wirklich Tuba spielen“, gibt Karen Donnelly zu, „deshalb ist es schon eine große Sache, wenn inmitten der falschen Töne wenigstens der richtige Rhythmus gefunden wird.“

„Und was sind das für Morgenlieder?“ fragte ich sie gespannt.

„Ach, wir haben nur den Text von Kinderliedern oder von Rock-and-Roll-Songs der fünfziger Jahre ein wenig abgeändert und singen jeden Morgen gemeinsam eines dieser Lieder.“

„Welches Lied zum Beispiel?“ fragte ich.

„Also, heute morgen haben wir beispielsweise unsere Version von ‚Row Row Row Your Boat‘ gesungen. Sie müssen sich noch die Tubabegleitung zu diesem Lied vorstellen:

Close close close your leads
And we'll all succeed …
Merrily, merrily, merrily, merrily
Working like a team!“

Holt, holt, holt doch auf
So gelingt uns dann
Froh froh froh froh
Das Arbeiten im Team!“

Als Karen fertiggesungen hatte, mußten wir beide lachen. „Und was geschieht dann?" fragte ich sie.

„Ja, was geschieht dann? Wenn das Lied aus ist, hängen wir uns alle ans Telefon und versuchen, als erster auf den Gong zu schlagen und vom Start wegzukommen."

Das Wells-Fargo-Programm
„In guter Gesellschaft"
Vollständige Liste der zu gewinnenden Preise

1. Ein amerikanischer Golddollar.
2. Ein Arbeitstag mit einem Vorstandsmitglied.
3. Fünf *Wells-Fargo*-Aktien.
4. Ein Stern wird nach Ihnen benannt.
5. Ein Zuschuß von 200 Dollar auf Ihr Pensionskonto.
6. Ein Tag bei den Dreharbeiten zur *Wells-Fargo*-Fernsehwerbung.
7. Eine Party für zehn Personen, inszeniert von *Wells Fargo Communicating Arts*.
8. Ein Sack Dünger für Ihren Garten – persönlich geliefert von den Zugpferden der *Wells-Fargo*-Kutsche.
9. 75 kg Erdnüsse.
10. Ein Sparbrief im Wert von 500 Dollar.
11. Der Platz auf dem Kutschbock bei einer Parade hier in der Stadt.
12. Ein Abendessen für zwei Personen in einem Restaurant Ihrer Wahl.
13. Ein Kinder-Geburtstagsfest in der *Wells-Fargo*-Kutsche.
14. Ein Besuch von Carl Reichardt oder Paul Hazen in Ihrer Zweigstelle oder Abteilung. Einer der beiden wird bei Ihrer Mitarbeiterbesprechung anwesend sein und alle Fragen beantworten.

15. Eine Reise mit vollem Kostenersatz zu einer *Wells-Fargo*-Hauptversammlung, bei der Sie den Aktionären vorgestellt werden.
16. Ein Briefmarken-Behälter aus Messing mit Ihrem Monogramm und 200 Briefmarken.
17. Ein Foto von Ihnen und Ihrer Familie in der *Wells-Fargo*-Kutsche.
18. Eine Woche bezahlten Urlaub.
19. 12 Platzkarten für eine planmäßig angesetzte Abend- oder Wochenend-Sportveranstaltung.
20. Ein Vortrag eines Vorstandsmitglieds vor Ihrer Bürger- oder Wohlfahrtsorganisation mit anschließenden Publikumsfragen.
21. Ein Besuch eines Vorstandsmitglieds in der Schule oder im Klub Ihres Sohnes oder Ihrer Tochter.
22. Software für Ihren Heimcomputer.
23. Eine Spende von 500 Dollar in Ihrem Namen an eine gemeinnützige Organisation Ihrer Wahl.
24. Zwei Karten für eine Silvestergala.
25. Eine Sammlung Videos von prämierten *Wells-Fargo*-Fernsehwerbungen.
26. Ein „Ministipendium" für einen Kurs oder ein Seminar Ihrer Wahl, der/das nicht im Rahmen der *Wells-Fargo*-Programme angeboten wird. Sollte die Veranstaltung während Ihrer Arbeitszeit stattfinden, erhalten Sie bezahlte Freizeit, damit Sie der Veranstaltung beiwohnen können.
27. Ein Globus mit Ständer.
28. Eine 200-Dollar-Einkaufstour in Carl Reichardts Lieblingsgeschäft ‚Banana Republic' und ein Mittagessen in Paul Hazens Lieblingsrestaurant ‚Burger King' – spendiert von Carl und Paul.
29. Vier Plätze auf der *Wells-Fargo*-Ehrentribüne für die Rosenparade in Colorado und Orange Grove, samt Einladung zu einer VIP-Party.
30. Ein Zuckerwatte-Automat.

31. Ein halbes Jahr lang monatlich ein Hausputz.

32. Eine Karriereberatung mit einem hochrangigen Manager Ihrer Wahl.

33. Eine Kamera und ein Fotoalbum.

34. Ein Farbbildschirm für Ihren Heimcomputer.

35. Ein neues Golf-Outfit sowie Golfen und Mittagessen mit Jack Grundhofer.

36. Bezahlung der Dezember-Rate Ihres Wohnungskredits bzw. Ihrer Miete für Dezember.

37. Katzen- oder Hundefutter für ein ganzes Jahr.

38. Tickets für einen ganzen Monat für Ihre Fahrt zur Arbeit, gültig für das lokale öffentliche Verkehrsnetz.

39. Tee bei I. Magnin mit Vorstandsmitglied Ellen Newman, inklusive Geschenkgutschein über 200 Dollar für I. Magnin.

40. Geschichtsunterricht über die Geschichte Kaliforniens und Führung durch *Wells Fargos* Historisches Museum von Los Angeles oder San Francisco, Souvenirs und Mittagessen für die Schulklasse oder den Klub Ihres Sohnes / Ihrer Tochter.

41. Ein Foto von Ihnen zusammen mit Carl Reichardt und Paul Hazen.

42. Gratiserstellung Ihrer Einkommensteuererklärung.

43. Eine zweistündige Körpermassage am 15. April.

44. *Wells Fargo Communicating Arts* entwirft für Sie Ihr persönliches Briefpapier oder Ihre Weihnachtsbillets oder auch ein Logo oder Plakat für Ihren Klub oder Ihre Bürgerorganisation; dazu 200 Dollar Druckkostenbeitrag.

45. Die Aufnahmegebühr für Mitglieder und die Gebühren für den ersten Monat für ein Schwimmbad oder einen Fitneß-Klub.

46. Die Gebühr eines Wunschkennzeichens für Ihren Wagen für das erste Jahr.

47. Zwei Touristenklasse-Tickets für den Hin- und Rückflug an jeden beliebigen Ort des Bundesstaates, in dem Ihr Wohnort liegt.

48. Eine von den Autoren signierte Ausgabe des *Wells-Fargo-Mitarbeiter-Handbuches*.
49. Zwei Saisonkarten für die Sportmannschaft Ihrer Wahl (wenn verfügbar).
50. Ein Mountainbike.
51. Altenbetreuung im Wert von 1000 Dollar.
52. Eine 200-Dollar-Einkaufstour in einem Kaufhaus Ihrer Wahl.
53. Eine Kaffeemaschine samt Kaffeemühle und Bohnenkaffee.
54. 20 Stunden Musik- oder Sportunterricht für Sie oder Ihr Kind.
55. Vier Jahreskarten für Disneyland, Magic Mountain, Knot's Farm, Sea World, Great America oder Marine World Africa USA.
56. Ein Jahr lang jeden Monat zwei Pfund Kekse von Mrs. Field.
57. Ein Heimfahrrad und Trainingsbekleidung.
58. Drei verlängerte Wochenenden (3 Tage, wobei der jeweils dritte Tag ein bezahlter Urlaubstag ist).
59. Zwei Wochen Kinderbeaufsichtigung.
60. Eine Gutschrift über 200 Dollar auf Ihrem *Wells-Fargo*-VISA- oder MasterCard-Konto.
61. Carl Reichardt, Paul Hazen oder einer der stellvertretenden Vorsitzenden macht einen Tag lang Ihren Job – Sie führen ihn ein und coachen ihn.
62. Zwei Saisonkarten für eine kulturelle Veranstaltungsreihe Ihrer Wahl (soweit verfügbar).
63. 20 Stunden Nachhilfeunterricht für Ihr Kind.
64. Nachschub an Kugelschreibern mit dem Aufdruck „In guter Gesellschaft!" in genügender Anzahl, so daß Sie bis an Ihr Lebensende versorgt sind.
65. Führung durch das Weingut *„Geyser Peak Winery"* mit Henry Trione, Mitglied des Aufsichtsrats, ehemaliger Vorsitzender des Aufsichtsrats der früheren *Wells Fargo Mortgage Company* und derzeitiger Vorstandsvorsitzender von *Geyser Peak*.

66. Ein Jahr lang erhalten Sie monatlich einen Blumenstrauß ins Haus geliefert.
67. Zwei Beratungen bei einem Finanzberater Ihrer Wahl.
68. Ein Jahresabonnement für die Zeitschrift *Money Magazine*.
69. Zwei Nächte in einem Hotel oder Feriendomizil Ihrer Wahl.
70. Eine Jahresmitgliedschaft bei einem Schallplatten- und Musikkassetten-Klub, das Jahreskontingent an Schallplatten und Musikkassetten erhalten Sie gratis.
71. Ein Jahr lang jeden Monat vier Kinokarten.
72. Neue Tenniskleidung sowie Tennis und Mittagessen mit Bob Joss.
73. Einen Monat gratis parken.
74. Das Nachschlagewerk *World Book Encyclopedia,* in Leder gebunden.
75. 5 Pfund Geleebohnen in 18 verschiedenen Geschmacksrichtungen.
76. Neue Gymnastikbekleidung, ein Vormittag im Fitneß-Studio und ein Mittagessen mit Bill Zuendt.
77. Lebensmittel im Wert von 200 Dollar.
78. Eine Rundum-Pflege in einem Schönheitssalon Ihrer Wahl.
79. Innerstädtischer Limousinendienst zu einem Spiel der *Dodgers, Dodger*-Jacken, Logenplätze, Hot Dogs, Bier oder Limo für Sie und Ihre Tochter oder Ihren Sohn.
80. Eine Jahresmitgliedschaft bei einem Buchklub, das Jahreskontingent an Büchern erhalten Sie gratis.
81. Ein Aktenkoffer oder eine Pilotentasche mit Monogramm.
82. Frühstückskaffee und Croissants für Ihre gesamte Abteilung, serviert von Ihrem Gruppenleiter.
83. Pflanzen nach Ihrer Wahl für Ihr Büro oder für zu Hause.
84. Ein Wochenende für zwei Personen in einer Weingegend, dazu eine Kiste Wein.
85. Eine Mitgliedschaft beim Klub „*Snack-des-Monats*".
86. *Wells Fargo* übernimmt Ihre Telefonrechnung für einen Monat.

87. Ein Kochkurs in einer hiesigen Kochschule.
88. Eine Speise auf der Speisekarte der *Wells-Fargo*-Kantine wird nach Ihnen benannt.
89. Ein Schreibtisch-Set mit Monogramm.
90. *Wells Fargo* übernimmt eine Jahresprämie Ihrer Firmen-Krankenversicherung.
91. Ein Anrufbeantworter.
92. Zwei Paar Schuhe: ein Paar fürs Büro und eines für die Freizeit.
93. Eine Ballonfahrt für zwei Personen.
94. Ein Jahr lang Fellpflege für Ihr Haustier.
95. Eine Woche Aushilfsdienst für eine gemeinnützige Organisation Ihrer Wahl.
96. Lernen Sie von dem Mann, der die *Wells-Fargo*-Kutschen baut, wie das geht.
97. Ein Jahr lang Gratis-Strumpfhosen.
98. Ihr Auto wird mit allen möglichen Extras ausgestattet.
99. Ein Satz *Wells-Fargo*-Telefonbücher für 1988 und ein Aktenvernichter.
100. Ein Jahr lang wird Ihnen jeden Monat ein Strauß Luftballons ins Büro geliefert.
101. Ein Dalmatinerwelpe mit Stammbaum.

KAPITEL 6

Denken Sie im großen Rahmen: Unternehmensweite Initiativen

Die Geschichten von Chris Wells und Kirt Womack haben uns bereits gezeigt, daß es trotz mangelnder Unterstützung durch das Management möglich ist, Spaß an den Arbeitsplatz zu bringen. Stellen Sie sich aber nur einmal vor, um wieviel einfacher es wäre, wenn das Top-Management eines Unternehmens voll und ganz hinter der Sache stünde, ja, Spaß am Arbeitsplatz sogar förderte. Ich hatte das Glück, zu hören, wie Gordon Segal, der Vorstandsvorsitzende von *Crate and Barrel,* der amerikanischen Einzelhandelskette für Haushaltswaren, seinem Management-Team gegenüber genau dieses Thema aufwarf.

„Unser Unternehmen ist wie eine Familie", erklärte er ihnen. „Die meisten hier im Raum befindlichen Leute gehören der Firma seit zehn und mehr Jahren an. Wenn Sie in Ihrem Job weiterhin wachsen wollen, dann muß Ihnen Ihre Arbeit auch weiterhin Spaß machen. Die Maßstäbe, die wir in diesem Unternehmen anlegen, sind außerordentlich hoch, und die Ziele, die wir unseren Verkäufern setzen, verlangen diesen viel ab. Wenn die Verkäufer nun die Mühe auf sich nehmen, unserem hohen Standard gerecht zu werden, dann müssen Sie dafür sorgen, daß ihnen ihre Arbeit Spaß macht!

Ich möchte in dieser Firma Unternehmergeist sehen. Ich bin schon immer der Meinung gewesen, daß es besser ist, um Entschuldigung als um Erlaubnis zu bitten. Damit Spaß überhaupt möglich wird, werden Sie einige Risiken eingehen müssen, was bedeutet, daß Ihnen dann und wann etwas mißlingen wird. Das ist in Ordnung, das bringt die Sache mit sich. Von jetzt an können Sie mit meiner Billigung Ihre Hemmungen über Bord werfen und Ihre Läden zu einem Ort machen, an dem die Arbeit Spaß macht. Hiermit möchte ich Ihnen das letzte Mal die Erlaubnis dazu erteilt haben! ... Natürlich nur, solange Ihr Vorhaben nicht ein paar tausend Dollar kostet. In diesem Fall lassen Sie es lieber vorerst Suzie Muellman, unsere Personalchefin, wissen!"

Die Manager hatten an jenem Tag Gelegenheit zu einem Brainstorming über die Frage: „Was können Sie in den nächsten beiden Wochen tun, um Ihren Mitarbeitern Spaß, Freude, Feiern, Belohnung und Anerkennung zuteil werden zu lassen?" Mit der offenen Unterstützung und Ermutigung seitens des oberen Managements ließen die *Crate-and-Barrel*-Manager ihrer Kreativität freien Lauf. Alle versprachen, wenigstens eine der im Zuge dieses Brainstormings geborenen Ideen innerhalb der nächsten zwei Wochen in die Tat umzusetzen. In der Folge sind einige Beispiele für die Einfälle der Manager angeführt:

- „Ich werde auf dem Weg zur Arbeit einen Lottoschein kaufen und ihn an dem Besen ganz hinten im Laden befestigen. Auf diese Weise hat der erste, der den Besen in die Hand nimmt, um den Boden im Laden aufzukehren, die Chance, unerwartet etwas zu gewinnen."
- „Auf unserem Parkplatz steht ein Baum, von dem irgendein klebriges Harz auf die darunter geparkten Autos tropft. Ich werde in der Mittagspause die Windschutzscheiben dieser Autos säubern."
- „Ich werde im Möbellager während der ärgsten Hektik, nämlich beim Abladen der LKWs, überraschend eine viertelstündige Pause für ein Basketball-Match ausrufen."
- „Ich werde einmal meinen Mitarbeitern am Morgen ein Frühstück mit Omelett bereiten und sie ein anderes Mal zu

Mittag zu einem Grillfest im Freien beim Hintereingang des Ladens einladen."

- „Ich werde eine Kundenservice-Wand einrichten und dort die Kommentare von Kunden über den ausgezeichneten Kundenservice, der ihnen durch die Mitarbeiter in unserem Laden zuteil wurde, aushängen."

Das Unternehmen, das organisierten Spaß am Arbeitsplatz sozusagen gepachtet hat, ist *Ben and Jerry's Ice Cream* in Waterbury, Vermont. Die Firmengründer, Ben Cohen und Jerry Greenfield, haben dem Unternehmen schon in den Anfängen seines Bestehens den Stempel gepflegter Respektlosigkeit aufgedrückt. Anläßlich einer der ersten Hauptversammlungen sah man Ben, der dort als der berühmte und geheimnisvolle Habeeni Ben Coheeni vorgestellt worden war, mit einem Turban verkleidet zwischen zwei Stühlen liegen – auf seinem Bauch lag ein Betonblock. Jerry, der während seiner College-Zeit einen Clown-Kurs besucht hatte, marschierte mit einem Vorschlaghammer bewaffnet auf die Bühne und machte sich daran, den Betonblock unter der allgemeinen Bewunderung der Aktionäre in kleinste Einzelteile zu zerschlagen.

Ben and Jerry's hat zur Planung der humorvollen Aktionen für seine Mitarbeiter ein ständiges Komitee mit der Bezeichnung „Joy Gang" [Freuden-Bande] eingerichtet. Geleitet wird diese „Joy Gang" von einem ganztags beschäftigten Koordinator, Sean Greenwood, der den Titel „Großer Poobah" führt. (Ursprünglich war Jerry Greenfield der Große Poobah gewesen, er gab aber den Titel weiter an Peter Lind, den Leiter der Forschungs- und Entwicklungsabteilung, welcher ihn schließlich Sean übertrug, der darüber hinaus auch noch als Direktor für interne Kommunikation agiert).

Die „Joy Gang" besteht aus Sean als ständigem Mitglied und Bezugsperson der Gruppe und 10 bis 20 Freiwilligen aus allen Lagern der 600köpfigen Organisation. Die „Joy Gang" hat drei

Hauptaufgaben. Die erste besteht darin, die Anträge auf „Freudenspenden" in Höhe von bis zu 500 Dollar für Einzelpersonen oder Abteilungen, die mehr Freude an ihren Arbeitsplatz bringen wollen, zu prüfen. Vormalige Spendenempfänger haben das Geld für die Anschaffung einer Stereoanlage für die in der Produktion beschäftigten Mitarbeiter und eines Kakaoautomaten für die Tiefkühl-Mannschaft, die bei Minustemperaturen arbeiten muß, verwendet.

„Über Überraschungen freuen sich die Leute immer", meint Sean. Die zweite Aufgabe der „Joy Gang" lautet daher, „laufend für Spontaneität zu sorgen". Sean und seine Gruppe von „Joy Ninjas" erscheinen zu ungewöhnlicher Stunde am Arbeitsplatz, um für ihre Kollegen Überraschungsgeschenke zu hinterlegen, beispielsweise Bonbonherzen und Blumen am Valentinstag.

Die delikateste Aufgabe ist im Rahmen der dritten Funktion zu erfüllen und besteht in der Planung und Organisation von Wettkämpfen und Veranstaltungen, die den Mitarbeitern von *Ben and Jerry's* im voraus bekanntgegeben werden. So engagierte die „Joy Gang" beispielsweise an Elvis Presleys Geburtstag einen Elvis-Doppelgänger, ließ eine Elvis-Torte auftischen und veranstaltete einen Wettstreit darüber, wer Elvis am ähnlichsten sieht, wessen Stimme der von Elvis am nächsten kommt und wessen verächtliches Grinsen Elvis' Grinsen am ehesten gleichkommt. (Die Gewinner erhielten Elvis-Statuetten.) Fred Lager, der frühere Vorstandsvorsitzende des Unternehmens, erschien an jenem Tag als Elvis verkleidet im Büro und verteilte an ahnungslose Touristen, die die Fabrik besichtigten, Snacks.

Da bei *Ben and Jerry's* Freizeitkleidung der alltäglichen Norm entspricht, sponserte die „Joy Gang" den „Tag des schlechten Geschmacks", an dem die Angestellten dazu angehalten wurden, ihre am allerwenigsten zusammenpassenden Kleidungsstücke anzuziehen. Dann wiederum veranstaltete sie zur Abwechslung den „Tag des Unternehmens", an dem die Mitarbeiter in Anzug und Krawatte bzw. in Kleid und hochhakigen Schuhen erscheinen sollten. „Es mag wie eine Ironie klingen, aber gerade dieser Tag war ein Hit", amüsiert sich Sean. „Die Leute fragen mich immer, wann der nächste ‚Tag des Feinmachens' stattfindet!"

Im Laufe der zehn Jahre, die Sean bei *Ben and Jerry's* arbeitet, hat er das Unternehmen von 50 Angestellten auf nunmehr 600 Mitarbeiter anwachsen sehen. „Während unser Unternehmen größer wird, hilft die „Joy Gang" mit, den Geist und das Energiepotential des Unternehmens aufrechtzuerhalten. Unsere Veranstaltungen tragen zur Festigung der Unternehmenskultur bei, die darauf aufbaut, daß die Leute sich selbst einbringen, Kreativität zeigen und sich in ihrer Rolle innerhalb des Unternehmens, worin diese auch bestehen mag, wohlfühlen. Mir kommt vor, daß wir dazu beitragen, die Barrieren zwischen den Leuten abzubauen, Beziehungen zwischen den Mitarbeitern zu festigen und Kreativität als Grundeinstellung zu pflegen."

Ein weiterer Generaldirektor, der dem Konzept von Spaß am Arbeitsplatz sehr offen gegenübersteht, ist Jim Malone. Als ich ihn kennenlernte, war Jim Generaldirektor von *Puralator Filter*, später wurde er Generaldirektor von *Grimes Aerospace* in Columbus, Ohio. Das Motto Jim Malones war in beiden Unternehmen über alle Management-Ebenen hinweg wohlbekannt und lautete: „Gewinn, Wachstum, Spaß".

Gewinn, Wachstum und Spaß – drei Ideen, die im Geschäftsleben selten miteinander in Verbindung gebracht werden und hinter denen doch ein so tiefer Sinn steht. Das Konzept ist unschwer zu begreifen: Ein Unternehmen, dessen Mitarbeiter Spaß haben, arbeitet äußerst produktiv und unter entsprechender Führung auch gewinnträchtig. Der Ausdruck „Wachstum" hat in diesem Sinne zwei verschiedene Bedeutungen: Einerseits bezieht er sich auf die wachsende Finanzkraft des Unternehmens, andererseits jedoch auch auf die wachsende Persönlichkeit seiner Mitarbeiter.

Ein Manager ist im allgemeinen mit zwei sehr unterschiedlichen Aufgaben betraut: mit Leitung und Führung. Leitung beschäftigt sich mit dem Wachstum der Finanzkraft eines Unternehmens; Führung richtet sich auf die jeweilige persönliche Entwicklung der Mitarbeiter. Als Führer haben Sie ungeahnte Möglichkeiten, in die Lebensgestaltung der Ihnen unterstellten Mitarbeiter formend einzugreifen. Ein Teil der unausgesprochenen Vereinbarung zwischen einem Unternehmen und seinen Mitarbeitern besteht darin, daß diese durch ihren Job nicht nur eine finanzielle, sondern auch eine persönliche Bereicherung erfahren sollen. Sie wollen die Mitarbeiter, verglichen mit dem Zustand bei ihrem Eintritt, intellektuell weiterentwickelt, mit einem höheren Stand an Fachwissen und in ihrer Persönlichkeit gestärkt verlassen.

Dieses Kapitel beinhaltet eine Reihe von Aktivitäten, an denen Ihr gesamtes Unternehmen oder Ihr gesamter Bereich teilnehmen kann. Diese setzen jedoch naturgemäß die Billigung und Teilnahme des Managements voraus. Durch das Einbinden solcher Aktivitäten in Ihren Arbeitsalltag wird es Ihnen gelingen, ein Gespür für Spaß am Arbeitsplatz zu entwickeln, so daß es Ihnen bald leichter fallen wird, den Zielsetzungen beider Management-Komponenten gerecht zu werden: nämlich einer Produktivitätssteigerung und Erhöhung der Finanzkraft des Unternehmens in Ihrer Funktion als Leiter und der Verbesserung von Teamarbeit und Persönlichkeitsentwicklung in Ihrer Rolle als Führer.

Einmal pro Woche: 52 Wege zu Spass am Arbeitsplatz

30 | Suchen Sie sich einen „geheimen Freund"

Manchmal hilft es sehr, eine Aktivität zur Durchsetzung des Konzeptes von gemeinsamem Spaß systematisch zu organisieren. Wenn im Unternehmen alle gemeinsam an dieser Aktivität teil-

140

nehmen, so muß keiner das Risiko der Pionierrolle auf sich nehmen. Eine dieser einfachen, aber wirkungsvollen Aktivitäten ist die Aktion „Geheimer Freund".

Bitten Sie jede Mitarbeiterin und jeden Mitarbeiter Ihres Betriebs, den eigenen Namen samt Telefonnummer, Geburtstag und einer kurzen Auflistung der Dinge, die er oder sie gern mag (zum Beispiel Rosen, Schokolade, Michael Jackson, Ballett, Ansichtskarten, Kino, bunte Gilets etc.) auf einem Blatt Papier zu notieren, das gefaltet in einen Hut gesteckt wird. Danach soll jeder einen Zettel aus dem Hut ziehen. Wenn jemand sich selbst gezogen hat, wandern wieder alle Zettel in den Hut, und der Vorgang wird wiederholt.

Sobald nun alle Zettel verteilt sind und Sie den Namen von jemand anderen gezogen haben, so sind Sie der „geheime Freund" der betreffenden Person. Während der Laufzeit der Aktion „geheimer Freund" (hier hat sich eine Zeitspanne zwischen zwei Wochen und drei Monaten bewährt) besteht Ihre Aufgabe nun darin, Ihrem Partner gegenüber Kreativität und Spontaneität walten zu lassen, um ihm Freude zu bereiten und ihn aufzumuntern ... alles anonym, versteht sich. Gleichzeitig haben natürlich auch Sie selbst einen „geheimen Freund", der Ihnen anonym Freude bereiten soll.

Eine der echten Herausforderungen dieser Übung besteht darin, Ihre Identität geheimzuhalten. Um einen Partner in die Irre zu führen, hat sich schon so mancher Teilnehmer an der Aktion „geheimer Freund" vorzeitig aus einer Sitzung geschlichen, um etwas auf den Schreibtisch seines Partners zu legen, oder er ist morgens früher gekommen oder abends länger geblieben, um bei seinem Vorhaben nicht erwischt zu werden. Viele „geheime Freunde" aus meiner Bekanntschaft sind so weit gegangen, Freunde aus aller Welt zum Schreiben von Ansichtskarten in nicht identifizierbarer Handschrift einzuteilen und Pakete von den unmöglichsten Orten aus absenden zu lassen, um ihre Partner gründlich an der Nase herumzuführen.

Als wir im *Playfair*-Büro einen Versuch wagten, löste die Aktion eine wahre Lawine an kreativer Energie aus. Eine Mitarbeiterin erschien frühmorgens im Büro, schaltete ihren Computer ein und entdeckte darauf die ungewöhnliche Nachricht: „Gehen Sie zu Ihrem Postkistchen!" Darin fand sie selbstgemachte Kekse, die ihr „geheimer Freund" am Abend zuvor für sie gebacken hatte.

Eine andere Mitarbeiterin erhielt von ihrem „geheimen Freund" einen Valentinsgruß – im September! „Ich konnte einfach nicht bis Februar warten, um Ihnen zu sagen, wie liebenswert Sie sind!" stand auf der Karte.

Als ein Mitarbeiter am Abend vom Büro nach Hause kam, begrüßte ihn seine überglückliche Ehefrau, indem sie ihm um den Hals fiel und rief: „Ach, Liebling, vielen Dank für die Rosen! Sie sind einfach wunderschön!"

„Was für Rosen?" dachte er bei sich, „ich weiß nichts von irgendwelchen Rosen." Dann jedoch wurde ihm klar, daß sein „geheimer Freund" seiner Frau die Rosen in seinem Namen geschickt hatte. (Zumindest hoffte er, daß es so war!)

Ein anderer Mann in der Firma, der für seine Rippchenbraterei bei unseren *Playfair*-Picknicks berühmt war, war baß erstaunt, mitten am Tag eine Packung Rippchen an seinen Schreibtisch geliefert zu bekommen ... noch dazu durch Federal Express!

Mein eigener „geheimer Freund" muß mich gesehen haben, als ich mein Lieblings-Sweatshirt mit der Aufschrift „Hat ein Komet die Dinosaurier umgebracht?" getragen hatte, denn er griff das Dinosauriermotiv unverzüglich auf. Eines Tages kam ich ins Büro und fand dort, auf meinem Schreibtisch sitzend, einen riesigen, aufblasbaren Stegosaurus vor. Darauf folgten in meine Laden gesteckte Dinosaurierkekse und Radiergummis in Dinosauriergestalt, die ich in meinen Jackentaschen fand. Er machte auch davor nicht halt, mir per Post ein Paar Brontosaurus-Boxershorts nach Hause zu senden. (Ich hatte ursprünglich angenommen, mein „geheimer Freund" sei in unserem Büro in Berkeley, Kalifornien, zu suchen, da viele Dinosaurier-Gegenstände in und um meinen Schreibtisch herum auftauchten. Als ich die Dinosaurier-Artikel nach Indizien für die Identität des Absenders untersuchte, entdeckte ich, daß in die Boxershorts, obwohl sie in Kalifornien aufgegeben worden waren, „Made in Canada" eingenäht war. Das war mein erstes Hauptindiz dafür, daß mein „geheimer Freund" oder meine „geheime Freundin" in Wirklichkeit in unserem Büro in Vancouver sitzen mußte und offenbar mit einem Komplizen in unserer Niederlassung in Kalifornien, wo ich arbeitete, kooperierte.)

Anläßlich unserer Mitarbeiterklausur, die einige Monate nach Beginn der Aktion „geheimer Freund" stattfand, hielt die *Playfair*-Organisation ein Treffen zur „Entlarvung des geheimen Freunds" ab. Alle Teilnehmer saßen im Kreis und sollten auf die Person zeigen, die sie für ihren „geheimen Freund" hielten. Dann sollte ein „geheimer Freund" nach dem anderen vor der ganzen Gruppe eine Handlung setzen, die nur der eigene Partner als Identitätshinweis verstehen würde. Karen Kolberg hatte beispielsweise ein Foto ihres Partners Jeffrey Randall zu einem Puzzle zerschnitten und ihm dessen Einzelteile von verschiedenen, sorgfältig ausgewählten und über das ganze Land verstreuten Aufgabeorten aus zugesandt. Das letzte Stück, das er zur Fertigstellung des Foto-Puzzles benötigte, war seine Nase. Als der Augenblick der Wahrheit gekommen war, klebte sich Karen den Puzzleteil von Jeffreys Nase mit Klebestreifen selbst auf die Nase und schritt langsam den Kreis ab. Für uns Nichteingeweihte war dies völlig bedeutungslos, Jeffrey sprang jedoch sofort auf und umarmte sie freudestrahlend.

Mein Verdacht hinsichtlich der Identität meines eigenen „geheimen Freundes" bestätigte sich, als Jerry Ewen, der Vorstandsvorsitzende von *Playfair Canada*, ansetzte, einen *Tyrannosaurus rex* zu imitieren.

31 | Rechnen Sie mit Unerwartetem

Wenn Sie wie Gordon Segal von *Crate and Barrel* Ihren Mitarbeitern die ausdrückliche Erlaubnis erteilen, „ihre Hemmungen über Bord zu werfen", dann müssen Sie mit Unerwartetem rechnen. Gewiß werden Sie dadurch ein bestimmtes Maß an Einfluß in alltäglichen Belangen einbüßen, aber der Lohn, den Sie dafür erhalten, mag das wohl aufwiegen. Wenn Sie die mit der Delegation von Entscheidungen an Ihre Mitarbeiter verbundene Ungewißheit ertragen können, werden Sie von den Ergebnissen wahrscheinlich angenehm überrascht sein.

Eines Tages aß Amy Miller, die Generaldirektorin der sieben Läden umfassenden Eissalon-Kette *Amy's Ice Cream Shops* in Austin, Texas, zu später Stunde in einem Restaurant zu Abend, als sie ein Paar am Nachbartisch sagen hörte: „Wir sollten uns beeilen, damit wir es noch schaffen, in Amy's Eissalon eingesperrt zu werden." Amy freute sich, daß über ihren Laden gesprochen wurde, wußte jedoch nicht, was die beiden mit ihrer Bemerkung meinten. Also beendete sie ihr Abendessen rasch und folgte den beiden zu dem nahegelegenen Eissalon.

Dort machte sie die Entdeckung, daß ihre Mitarbeiter eine einzigartige Lösung für das Problem gefunden hatten, daß Kunden gerade bei Geschäftsschluß eintrafen und noch bedient werden wollten. Solche Kunden in letzter Minute werden von den Angestellten, die darauf brennen, aufzuräumen und nach Hause zu gehen, oft als Belästigung empfunden und, wenn überhaupt, dann nur widerwillig bedient. Amy's-Mitarbeiter hatten jedoch ein System entwickelt, um den Spieß umzudrehen. Sie erklärten den Mittwochabend jeweils zum „Einsperr-Abend". All jene Kun-

144

den, die sich am Mittwochabend nach der Sperrstunde noch im Laden befanden, wurden eingesperrt und durften den Eissalon so lange nicht verlassen, solange sie nicht gelernt hatten, *Time Warp* aus der *Rocky Horror Picture Show* zu tanzen.

Als Amy die Szene weiter verfolgte, konnte sie beobachten, wie ihre Angestellten mit den Kunden nach dem Vorbild zweier Mitarbeiter, die die Schritte von den Eistruhen herunter vorzeigten, tanzten. Später erfuhr Amy, daß es, nachdem die Neuigkeit von den mittwochs stattfindenden „Einsperr-Abenden" in der Gegend die Runde gemacht hatte, Kunden gab – wie zum Beispiel die beiden, deren Gespräch sie in dem Restaurant mitgehört hatte –, die absichtlich um Mitternacht im Eissalon eintrafen, um eingesperrt zu werden und diesen Spaß mitmachen zu können.

„Wir sind davon überzeugt, daß man einen Kunden, der einen harten Arbeitstag hinter sich hat, mit einem Eis aufheitern kann", meint Amy Miller, „also lassen wir an anderen Abenden der Woche unsere Angestellten frei darüber entscheiden, ob sie nach der Sperrstunde noch bleiben und die Kunden bedienen wollen. Wenn sie aber schließen müssen, so sagen unsere Mitarbeiter den Kunden: ‚Sehen Sie zu, daß Sie am Mittwochabend um die gleiche Zeit kommen können, dann werden wir Sie unterhalten!'"

Amy Miller hatte vor diesem Abend von den Vorgängen in ihrem Eissalon nichts gewußt, war aber voll und ganz damit einverstanden, da die Vorstellung, daß Mitarbeiter und Kunden miteinander tanzten, der Unternehmenskultur, die sie in ihren Läden pflegte, entsprach. „Wenn man den Leuten Eis serviert, hat man die Gelegenheit, sie in einem streßgeladenen sozialen Umfeld glücklich zu machen", meint Amy. „Wenn es unseren Kunden Spaß macht, in unsere Eissalons zu kommen, dann sollten wohl auch unsere Mitarbeiter ihren Spaß erleben!"

Amy Miller möchte, daß zukünftige Mitarbeiter der Eissalons bereits vom Augenblick ihrer Bewerbung an über ihr

Engagement für Spaß am Arbeitsplatz Bescheid wissen. Bob Filipczak, der für die Zeitschrift *Training Magazine* schreibt, stellt es so dar: „Bei *Amy's Ice Cream* beginnt der Spaß bereits beim Bewerbungsverfahren: Das Bewerbungsformular ist nichts anderes als eine leerer Papiertüte.

‚Wie alle guten Ideen wurde auch diese aus dem Zufall heraus geboren', berichtet Amy Miller. ‚Einem der Eissalons waren die gedruckten Bewerbungsformulare ausgegangen, weshalb der Filialleiter einem Bewerber eine Papiertüte in die Hand drückte und ihm erklärte, welche Informationen er benötigte. Der Bewerber zeichnete noch etwas darauf und gab sie, originell gefaltet, zurück. Das war der Beginn einer Tradition.

Jetzt bekommen Sie bei *Amy's* nur noch eine Tüte. Sie werden ersucht, irgend etwas Kreatives damit anzufangen und zumindest Ihren Namen und Ihre Telefonnummer daraufzuschreiben. Amy Miller erinnert sich, daß eine Tüte, an einen Gasballon befestigt, zurückkam und so gefaltet war, daß sie wie der Korb eines Heißluftballons aussah. Der Bewerber hatte auf dem Korb verschiedene Zeichnungen angebracht und einige für eine Bewerbung wichtige Informationen daraufgeschrieben. Wieder ein anderer Bewerber hatte die Tüte in ein Aquarium mit einem echten Goldfisch darin umfunktioniert.'"

„Wir erhalten auf diese Weise zwar selten alle erforderlichen Informationen", gibt Miller zu, „aber das läßt sich leicht im Verlauf des Bewerbungsgesprächs nachholen. Ein wichtiger Aspekt dabei ist, daß die ‚Bewerbungstüte' bestens dazu geeignet ist, jene Bewerber, die wahrscheinlich ohnehin nicht in die Unternehmenskultur passen würden, von vornherein auszusieben."

32   Veranstalten Sie eine Wahl der häßlichsten Krawatte oder des häßlichsten Schuhs

Pat Gallaty von *General Motors* konzipierte eine ungewöhnliche Veranstaltung zum Streßabbau in der Zentrale des Unternehmens in Detroit: die Wahl der häßlichsten Krawatte. Den Wettbewerbsteilnehmern war es gestattet, mit einer beliebigen Krawatte aus ihrem derzeitigen Fundus anzutreten, jedoch durften keine Krawatten extra für den Wettbewerb gekauft werden. „Wir luden eine aus unternehmensexternen Experten (Kunden und Lieferanten) bestehende Jury ein, den Gewinner (oder vielmehr Verlierer?) zu küren", erzählt Pat. „Nachdem der Gewinner feststand und als Preis eine goldene Krawattennadel überreicht bekommen hatte, wurden alle Krawatten abgeschnitten, um daraus ein riesiges Wandbild zu gestalten. Dieses ist nun fixer Bestandteil unserer Ausstattung und soll uns an den Spaß, den wir bei diesem Wettbewerb hatten, erinnern.

Einige der weiblichen Mitarbeiter, die keine Krawatte für den Wettbewerb ergattern konnten, fühlten sich jedoch ausgeschlossen", weiß Pat zu berichten. Aus diesem Grund organisierte *General Motors* eine weitere, darauf aufbauende Veranstaltung: die Wahl des häßlichsten Schuhs. Die Wettbewerbsteilnehmer wurden aufgefordert, nur einen Schuh zur Verfügung zu stellen. Diesen würden sie allerdings nicht mehr zurückbekommen, damit sich die Welt der häßlichen Schuhe entledigen könne. Für üble Gerüche wurden keine Extrapunkte vergeben.

33 | Kein Tag ohne Lachen

Bloß weil dem Management vielleicht plötzlich einfällt, daß etwas Spaß angebracht wäre, müssen die Mitarbeiter eines Unternehmens darauf noch lange nicht mit Begeisterung reagieren. Wichtig ist, daß ein Manager zuerst einmal eine überzeugende Argumentationslinie für die Vorteile von Spaß am Arbeitsplatz schafft, bevor er sich an den Versuch heranwagt, seine Mitarbeiter zum Betreten von Neuland zu bewegen.

Eines Tages forderte die Zentrale der *Bank of America* alle Mitarbeiter in Nordkalifornien zur Teilnahme an der Aktion „Kein Tag ohne Lachen" auf. Die Mitarbeiter sollten den ganzen Monat April hindurch ihren Kollegen jeden Tag einen anderen Witz erzählen oder einen Cartoon mitbringen. Jene Mitarbeiter, die die Herausforderung, ihren Kollegen an jedem einzelnen Tag des Monats etwas Humorvolles zum Besten zu geben, voll und ganz erfüllt hatten, erhielten ein T-Shirt, auf das das Motto der Aktion aufgedruckt war, und ein Exemplar eines im Eigenverlag herausgegebenen Buches mit den besten Witzen, Cartoons und anderen humorvollen Einlagen im Rahmen der Aktion.

Nicht alle Mitarbeiter der *Bank of America* waren der Ansicht, daß die Aktion „Kein Tag ohne Lachen" eine gute Idee sei. Ein erboster Mitarbeiter schrieb in einem Brief an die Bank: „Wie kann die Bank zu einer Zeit, in der die Gewinne ernstlich gefährdet sind, ihre Mitarbeiter beim Mißbrauch von Unternehmensmitteln unterstützen – ja sie sogar dazu ermutigen? In der neuesten Ausgabe von *Zu Ihren Gunsten* werden Mitarbeiter dazu angeregt, die Fotokopierer der Bank zu benützen (oder zu mißbrauchen), um Witze weiterzuverbreiten, den Zweigstellen-

Postdienst zu mißbrauchen und Materialvorräte der Bank zu vergeuden.

Ich halte mich selbst keineswegs für einen Spielverderber und kann mich über einen Witz oder einen Cartoon ebenso wie jeder andere freuen, aber wenn eine Personalabteilung die Leute offen dazu auffordert, ihre Arbeitszeit dazu zu verwenden, nach Witzen und Cartoons zu suchen und diese weiterzuverbreiten, ist dies meiner Meinung nach nur eine Vergeudung von Zeit und Mitteln. Das Management sollte danach trachten, die Arbeitsmoral zu verbessern und, wenn immer möglich, Lösungen zu finden, aber die Personalabteilung hat mit ihrer neuesten Aktion selbst für den besten Witz gesorgt."

Dieser Beschwerdebrief wurde an Daniel C. Rowland, den Vorstandsdirektor der Bank, in dessen Zuständigkeitsbereich die Arbeitnehmer-Unfallversicherung und das Krankengeld fallen, weitergeleitet. Daniel C. Rowlands Antwort stellt eine ausgezeichnete logische Grundlage für den bewußten Einsatz von Spaß und Spiel in einer Unternehmensstruktur dar: „Die allmonatlichen Bewerbe unter dem Motto ‚Seien Sie der Beste unter Ihresgleichen' sind kein Witz", schrieb er. „Sie sind darauf ausgerichtet, durch eine Verbesserung des Gesundheitszustandes und der Arbeitsmoral der Mitarbeiter und durch eine Erhöhung der Produktivität ... zur Rentabilität der Bank beizutragen. Sie stellen in Ihrem Brief den Nutzen des Lachens in Frage. Die Ergebnisse von Forschungsarbeiten auf dem Gebiet des Gesundheitswesens zeigen verstärkt, daß Lachen eines der besten Mittel darstellt, um Streß abzubauen. Und Krankheit durch Streß ist schließlich jener Kostenfaktor im Rahmen der Arbeitnehmer-Unfallversicherung, der das größte Wachstum aufweist (nunmehr 2,6 Millionen Dollar). Es mag Sie vielleicht auch interessieren, daß *Safeway* in einem der letzten Rundschreiben an die Mitarbeiter diese zu häufigem Lachen aufgefordert hat. Dort hieß es: ‚Leute, die viel lachen, leben länger und gesünder und erholen sich rascher von Krankheiten, deren Ursache auf Streß zurückzuführen ist.'

Haben unsere Bemühungen im Rahmen des Gesundheitsprogramms unseres Unternehmens Erfolg? Offenbar doch. Jeden Monat erhalten wir durchschnittlich 2.000 Antwortkarten und Briefe von Mitarbeitern, aus denen hervorgeht, daß wir ihnen helfen, der Gesundheit zuträglichere Gewohnheiten anzunehmen und beizubehalten ... Ich hoffe, daß Ihnen meine Ausführungen helfen werden, den Sinn dieser Programme zu verstehen. Sie sind Teil einer breitangelegten Bestrebung, die wir unternehmen, um die mit Krankenständen und Unfallversicherung verbundenen Kosten im Rahmen zu halten und gleichzeitig die Arbeitsmoral und Produktivität unserer Mitarbeiter zu erhöhen."

Wie wir schon an früherer Stelle bemerkt haben, sind Lachen und Spiel kein Universalheilmittel für alle Krankheiten, sie können jedoch mit Sicherheit zur Bekämpfung von Krankheiten beitragen, deren Ursache in arbeitsbedingtem Streß zu suchen ist. Für die Mitarbeiter der *Bank of America* wurde das Motto „Kein Tag ohne Lachen!" zu einem wichtigen Bestandteil des Gesundheitsvorsorge-Programms ihres Unternehmens.

34 Führen Sie „Tage der Freizeitkleidung" ein

Immer mehr Unternehmen gelangen zu der Ansicht, daß starre Bekleidungsvorschriften nicht unbedingt die Produktivität steigern – ja, vielleicht sogar das Gegenteil bewirken, da hier die Kreativität einfach zu kurz kommt! Sollte in Ihrem Betrieb formelle Geschäftskleidung an der Tagesordnung stehen, so prüfen Sie, ob es nicht möglich ist, jeden zweiten Freitag einen Tag in Freizeitkleidung einzuführen (es können genausogut ein Dienstag in Hawaii-Kleidung oder ein Donnerstag in Hosenträgern oder sonstige bestimmte Tage einmal in der Woche oder einmal im Monat sein, an denen weniger strenge Bekleidungsvorschriften herrschen, um auf diese Weise für ein wenig Auflockerung zu sorgen).

National Demographics and Lifestyles (NDL) ist ein Unternehmen mit Sitz in Denver, das konsumentenbezogene Datenbanken führt und weltweit über 500 Mitarbeiter beschäftigt. Arthur F. Nolan, der Leiter des Bereichs Marketingkommunikation, berichtet: „Unser Unternehmen wurde 1975 am Halloween-Tag gegründet. Am Gedenktag der Firmengründung ist es daher durchaus nicht ungewöhnlich, daß einer unserer Verkaufsleiter, von Kopf bis Fuß als Clown verkleidet – auch Schminke und Perücke fehlen nicht –, ein wichtiges Kundengespräch führt.

Sie sehen auch auf den ersten Blick, wer am ‚Tag der Freizeitkleidung' – dieser findet im Sommer jeden Freitag und während des übrigen Jahres immer am letzten Freitag des Monats statt – die Besucher des *NDL*-Büros sind ... die Besucher sind die Leute in Anzug und Krawatte!"

Die Umstellung von formeller Kleidung auf Freizeitkleidung sollte möglichst in mehreren aufeinander aufbauenden Etappen vorgenommen werden. Die *United States Fidelity and Guarantee Insurance Company (USF&G)* in Baltimore, Maryland, bestimmte erst unlängst den jeweils letzten Freitag des Monats für die 500 Mitarbeiter ihrer Informationsdienst-Abteilung zum „Tag der Freizeitkleidung". Tom Lewis, der Leiter des Informationsdienstes der Gesellschaft, hatte die Mitarbeiter eines Teams, das an einem wichtigen Projekt arbeitete, gefragt, welche Art von Belohnung für den erfolgreichen Abschluß der Arbeiten ihrer Meinung nach angemessen sei. Die Antwort war überwältigend: „Einen Monat lang Freizeitkleidung!" Von diesem Moment an begann Tom zu begreifen, wie tiefgründig der Wunsch seiner Mitarbeiter nach Abschaffung der strengen Bekleidungsvorschriften in der Abteilung war.

Nachdem Norm Blake, der Generaldirektor von *USF&G*, sein Einverständnis dazu gegeben hatte, daß die Mitarbeiter dieser Abteilung als erste der insgesamt 6.000 Angestellten des Unternehmens am Arbeitsplatz Freizeitkleidung tragen dürfen, beschlossen Norm und Tom, die Änderung auf spektakuläre Weise anzukündigen. Sie stellten sich in einer Mitarbeiter-Vollversammlung auf das Podium des Saales; Norm marschierte auf Tom zu, zog eine große Schere heraus und schnitt Toms Krawatte ab, um daraufhin triumphierend zu verkünden: „Vom heutigen Tag an trägt diese Abteilung täglich Freizeitkleidung!" Diese Ankündigung wurde von den versammelten Mitarbeitern mit donnerndem Applaus begrüßt.

Als Tom Lewis, noch mit dem Krawattenstummel um den Hals, zum Publikum schmunzelnd meinte: „Wir glauben, daß Professionalität nicht durch den Kleidungsstil geprägt wird!" erhielt er Standing ovations. Dann erzählte Tom der Gruppe ein Gleichnis: „Es waren einmal zwei Bauern. Sie waren die besten Freunde, bis einer der beiden eine prächtige Kuh erstand. Der andere Bauer, der keine solche Kuh besaß, neidete seinem Nachbarn dessen Glück. Obwohl er sich seinem Nachbarn gegenüber korrekt benahm, saß der Neid tief. Als er eines Tages sein Feld pflügte, fand er in dem Erdreich eine Wunderlampe. Er rieb an der Lampe, und ein Geist erschien. ‚Du kannst haben, was dein Herz begehrt', sagte dieser zu dem Bauern. ‚Denk scharf nach, und was immer du dir wünschst, wird dein sein.' Wie aus der Pistole geschossen, antwortete der Bauer: ‚Töte meines Nachbarn Kuh!'

Das Unternehmen macht uns heute ein Geschenk – wir sind die erste Abteilung, die Freizeitkleidung tragen darf. Sollte sich das bewähren, wird eines Tages vielleicht auch in anderen Unternehmensbereichen Freizeitkleidung eingeführt werden. Zunächst einmal müssen wir jedoch sehr verantwortungsvoll damit umgehen. Wenn Sie Besprechungen mit anderen Abteilungen oder mit Kunden führen, so passen Sie sich an deren Kleidungsstil an.

Kehren Sie die Tatsache, daß man uns ein besonderes Privileg eingeräumt hat, so wenig wie möglich hervor. Es liegt in der menschlichen Natur, daß Neider ,die Kuh des anderen töten möchten'. Wir möchten die anderen Abteilungen auf unseren Weg führen; wir wollen nicht, daß sie Neid entwickeln."

Eine so simple Angelegenheit wie Freizeitkleidung mag bei Ihren Kollegen starke Reaktionen auslösen, auch wenn diese Ihnen gegenüber keine direkte Erwähnung machen. Ein informeller Kleidungsstil am Arbeitsplatz mag im nächsten Jahrhundert vielleich schon Norm sein, kann derzeit aber durchaus noch einen Sturm der Entrüstung wegen „mangelnder Professionalität" hervorrufen. Behalten Sie im Auge, daß der Übergang von formeller Kleidung auf Freizeitkleidung langsam erfolgen muß. Gehen Sie dabei mit Augenmaß und Feingefühl vor.

. . . .

EINMAL PRO WOCHE: 52 WEGE ZU SPASS AM ARBEITSPLATZ

. . . .

35 | Gehen Sie auf Fotosafari

Ein *Playfair*-Kunde, *Arrow Electronics,* hielt kürzlich seine Managementklausur in einem direkt am Meer gelegenen Ferienhotel in San Diego ab. Unter Einbeziehung der unmittelbaren Meeresnähe setzte *Playfair*-Trainer Jordan Chouljian für die Gruppe eine Fotosafari an, die ihresgleichen suchte. Die Gruppe wurde in mehrere Teams aufgeteilt und für den Nachmittag losgeschickt. Jedes Team wurde mit einem Exemplar der ,Anleitungen zur Fotosafari' und einer Unterwasser-Wegwerfkamera ausgestattet.

Die Fotos sollten Dokumentationszwecken dienen und beweisen, daß das Team die verschiedenen Bewerbe laut ,Anleitungen zur Fotosafari' gemeistert hatte. Am Ende des Nachmittags sollte jedes Team seine Kamera in einen Fotoladen zur Sofortentwicklung bringen.

Nach der Rückkehr der Teams in den Konferenzsaal wurden die fertigen Bilder an die Wand gehängt. Anschließend präsentierten die einzelnen Teams in fröhlicher, ausgelassener Stimmung die Ergebnisse ihrer Fotosafari, wobei anhand der ausgestellten Fotos als visuellem Hilfsmittel eine genaue Chronik ihrer nachmittäglichen Abenteuer dargeboten wurde.

Das Schöne an einer solchen Fotosafari ist, daß sie sich ausgezeichnet an beliebige Standorte und Teilnehmer anpassen läßt. Die Mitglieder eines Teams empfinden die gemeinschaftliche Arbeit in Freizeitstimmung, bei der auch der Spaß nicht zu kurz kommt, meist als großartiges Erlebnis. Damit gibt man einer Gruppe nicht nur die Gelegenheit, die ihr fremde Umgebung des Tagungsortes zu erkunden; sie wird dadurch auch zu Originalität, Kreativität und Risikobereitschaft herausgefordert, um die Aufgaben zu meistern.

Nachstehend finden Sie die Angaben für die Fotosafari, die Jordan sich für das Management der Firma Arrow Electronics ausgedacht hat:

- Tom Morrey aus San Diego hat die sogenannten „Boogie Boards" 1970 erfunden. Machen Sie ein Foto von einem Mitglied Ihres Teams beim Wellenreiten auf einem Exemplar dieser genialen Schöpfung.
- Erinnern Sie sich daran, was „... sie am Meeresstrand verkauft ...?"* Wenn ja, fotografieren Sie eine, vorzugsweise eine leere!
- Das hier in der Bucht am *Silver Strand State Beach* vorherrschende Habitat wird als „Marschland" bezeichnet. Fotografieren Sie eine der folgenden, im Marschland beheimateten

---

* Anm. d. Ü.: Muscheln. Anspielung auf den Kinderreim und Zungenbrecher „She sells seashells by the seashore.

Pflanzen *(Hinweis:* Halten Sie Ausschau nach Beschilderungen!): (1) Queller, (2) Salzkraut, (3) Strandheide.

- Meerespflanzen werden häufig in Produkten des täglichen Lebens verwendet. Welche Pflanze wird beispielsweise für Speiseeis, Schönheitsprodukte und Shampoo verwendet?

- *Arrow Electronics* hat einen stark diversifizierten Kundenstock. Fotografieren Sie Ihr gesamtes Team dabei, wie es einem potentiellen Kunden „den Hof macht".

- Die US-Marine ist der größte Arbeitgeber in San Diego. Schießen Sie ein Foto eines uniformierten Marineangehörigen. Für den Schnappschuß von einem Marine-Seehund, die auf Coronado Island angeblich in großer Zahl zu finden sind, gibt es Sonderpunkte.

- Unterwasser-Kameras gibt es seit Jahren, aber der stolze Preis, der dafür verlangt wird, hat die meisten Leute bislang vor einem Kauf zurückschrecken lassen. Sie haben nun eine Wegwerfkamera in der Hand. Setzen Sie diese ein und machen Sie ein Foto Ihres *gesamten* Teams – aber unter Wasser!

- Am *Silver Strand State Beach* gibt es reichlich freilebende Wildtiere. Versuchen Sie, zuerst ein zweibeiniges, dann ein vierbeiniges und schließlich ein achtbeiniges Tier zu finden!

- Im Wirtschaftsleben ist die gemeinsame Mittelverwendung (auch als *Networking* bekannt) eine sehr geschätzte Gepflogenheit. Fotografieren Sie die Visitenkarte einer Person, die für *Arrow Electronics* eine wertvolle Kontaktperson sein könnte.

- Aus Studien wissen wir, daß die meisten Führungskräfte beim Zeitunglesen selten über die Schlagzeilen hinauskommen. Fotografieren Sie eine Zeitungs-Schlagzeile, deren Inhalt die Geschäfte von *Arrow Electronics* in hohem Maße beeinflussen könnte.

- Ungeachtet dessen, ob es sich um eine Modeerscheinung oder eine bleibende Sportart handelt, ist Inline Skating eine der heißesten neuen Action-Sportarten der neunziger Jahre. Machen Sie ein Foto eines Ihrer Teamkameraden mit einer Person auf Inline-Skates!

- Jede Stadt braucht ihr besonderes technisches Baudenkmal. Schießen Sie ein Foto der einzigartigen *Coronado*-Brücke mit Ihren Teamkameraden im Vordergrund!
- San Diego ist Schauplatz der ältesten, prestigeträchtigsten Segelboot-Regatta der jüngeren Geschichte: dem America's Cup. Fotografieren Sie ein Regatta-Boot oder zumindest etwas, das dem sehr nahekommt, wobei im Vordergrund Ihre Teamkollegen zu sehen sein sollten.
- Der größte Marine-Flottenverband der Westküste liegt in San Diego. Machen Sie eine Aufnahme eines der vielen Schiffe der Flotte mit Ihren Teamkameraden im Vordergrund.
- Vor Jahrhunderten erlebten verschiedene Stämme amerikanischer Ureinwohner im Gebiet von Coronado eine Blütezeit. Fotografieren Sie einen Bestandteil des Kopfschmuckes, den die amerikanischen Ureinwohner bei festlichen Anlässen trugen und der in früheren Zeiten auch als Schreibutensil verwendet wurde.
- Der Strand, an dem Sie sich befinden, wurde vor nicht allzu langer Zeit von verheerenden Stürmen heimgesucht, die häufig südlich der amerikanischen Grenze, im mexikanischen Baja California, ihren Ausgang nehmen. Fotografieren Sie einen Gegenstand, der vielleicht durch einen dieser Stürme oder durch eine große Welle an den Strand gespült worden ist.
- Das Meer hier in der Gegend ist ebenfalls sehr reich an Lebewesen. Bannen Sie einen Fisch auf ein Foto ... gleichgültig, in welcher Form.
- Die Toyota-Werbung „Oh, What a Feeling" hat sich als eine der erfolgreichsten Werbekampagnen der vergangenen Jahre erwiesen. Nehmen Sie Ihr gesamtes Team bei einer auf *Arrow Electronics* umgemünzten Szene dieser Werbung auf. Denken Sie daran, daß alle Personen die Füße in der Luft haben müssen und daß Begeisterung gefragt ist!

36 Richten Sie eine Magic Hotline ein

Nehmen wir einmal an, jemand in Ihrem Unternehmen entwickelt eine bessere Methode, Geschäfte zu machen. Wie geben Sie diese Information an alle Ihre Mitarbeiter bis in die hintersten Winkel des Unternehmensreiches weiter? *Supercuts,* die Franchise-Friseurgruppe mit über tausend Läden in Amerika, richtete die „Magic Hotline" ein, ein wöchentliches Management-Forum, über das die Manager die besten Ideen untereinander austauschen konnten. (MAGIC war ein Akronym für das Leitbild von *Supercuts* und stand für „**M**astery/Meisterarbeit, **A**ffordability/Erschwinglichkeit, **G**raciousness/Großzügigkeit, **I**nspired/Inspiriert, **C**onvenient and **C**lean/angenehm und sauber.")

Auf einer Anschlagtafel in der Verwaltungszentrale sollten alle Vorschläge aus der Magic Hotline allwöchentlich gesammelt und ausgehängt werden, und daraus sollte wiederum die „Idee der Woche" herausgefiltert werden. Letztere sollte sodann auf Band aufgenommen werden und unter einer bestimmten Telefonnummer für die anderen Filialleiter abrufbar sein. Jener Filialleiter, der die siegreiche Idee vorgeschlagen hatte, wurde auf dem Band namentlich genannt und erhielt außerdem eine Gewinnurkunde, die er in seinem Laden aushängen konnte, sowie einen Sony-Walkman.

In der Folge sind einige Vorschläge aus der Magic Hotline von *Supercuts* angeführt. Können Sie den einen oder anderen Kerngedanken auf Ihren Arbeitsplatz umlegen?

- *Supercuts* nimmt keine Terminreservierungen vor, weshalb die Kunden manchmal eine lange Wartezeit in Kauf nehmen müssen. Kerry Bevin aus San Diego beschloß, dieses Problem mit dem Slogan „Kampf dem Warten" anzupacken. Wenn die Wartezeit für einen Haarschnitt länger als 45 Minuten beträgt, schreibt Kerry die Namen aller wartenden Kunden auf Lose. Der Gewinner erhält die gewünschte Leistung, zum Beispiel einen Haarschnitt oder Haarschnitt und Styling, an diesem Tag gratis.

- Sharon Welchs Laden befindet sich in Joliet, Illinois, einer Stadt, in der das Glücksspiel erlaubt ist. Das brachte Sharon auf die Idee, ihre wartenden Kunden zu einem Spiel namens „Rabatte erwürfeln" einzuladen. Das Motto in Sharons Laden lautet: „Wenn Sie warten müssen, zögern Sie nicht, und versuchen Sie Ihr Glück. Vielleicht gibt es einen Rabatt!" Die Kunden würfeln mit zwei Würfeln. Wenn sie die Zahl 2 würfeln, gewinnen sie einen Gratishaarschnitt. Für die Zahl 7 zahlen sie für ihren nächsten Haarschnitt um einen Dollar weniger; für die Zahl 12 um zwei Dollar weniger. Oft schon fanden Freunde von Kunden solchen Gefallen an diesem Spiel, daß sie beschlossen, zu bleiben und sich die Haare schneiden zu lassen. Seit Sharon das Spiel erfunden hat, werden in ihrem Laden pro Tag um zehn Haarschnitte mehr durchgeführt.

- Karen LaRue aus Nashville, Tennessee, entwarf für ihre Mitarbeiter in der Region Nashville Sticker mit der Aufschrift: „Wenn ich Ihnen kein Pflegeprodukt empfehle, erhalten Sie Ihren Haarschnitt gratis!" Nach Karens Ansicht würden mit Hilfe dieser Strategie Gespräche zwischen Friseur und Kunden über die diversen Haarpflege-Produkte, die im Laden angeboten werden, zustande kommen. In den ersten beiden Monaten nach Einführung der Sticker schnellte der Umsatz an Pflegeprodukten um 20 Prozent in die Höhe.

- Gail Hereda aus Fort Lee, New Jersey, teilte ihre Mitarbeiter in mehrere Teams mit je einem Teamkapitän auf. Jedesmal, wenn ein Mitarbeiter ein Pflegeprodukt verkauft, klebt der Teamkapitän einen Sticker in Form einer Ameise auf die Teamflagge. Gails Slogan lautet: „Die Ameise holt die Nahrung nach

Hause." Also spendiert sie dem Team mit den meisten Ameisen am Ende der Woche ein Mittagessen.

- Kevin Jackson aus Green Acres, Florida, gibt jedem Kunden, der eine Lebensmittel-Konservendose mitbringt, einen Rabatt. Kevins Laden spendet die Konservendosen der nahegelegenen Ausspeisung für Obdachlose.

- Anläßlich der monatlich stattfindenden Mitarbeiterbesprechung, die Maria Caijina aus San Diego, Kalifornien einberuft, ersucht sie ihre Mitarbeiter, aufzustehen und Dinge zu erzählen, die diesen Monat gut gelaufen sind. Danach wird der „Mitarbeiter des Monats" ausgerufen, und jedes Belegschaftsmitglied gibt diesem wiederum positives Feedback darüber, warum der Mitarbeiter des Monats die Auszeichnung verdient.

- Immer wenn Kelly McKenzie aus Glendale, Arizona, in ihrem Laden einen neuen Mitarbeiter in Ausbildung nimmt, kauft sie einen Kaffeebecher, malt den Namen des neuen Mitarbeiters darauf und füllt den Kaffeebecher mit Bonbons. Sobald der Mitarbeiter seine Lehrabschlußprüfung bestanden hat, überreichen die übrigen Mitarbeiter dem frischgebackenen Kollegen den Kaffeebecher im Rahmen einer Feier, mit der sie ihn im Laden willkommen heißen.

- Terry Leonard aus Los Angeles, Kalifornien, gibt den tüchtigsten Mitarbeitern der ihm unterstellten Läden die Chance, für einen Tag der Chef zu sein. Der Gewinner ist am Samstag, wenn im Laden besonders viel zu tun ist, der Chef, wobei ihm für einen Tag lang sämtliche Aufgaben eines Filialleiters übertragen werden. Durch diese Vorgangsweise, erklärt Terry, ziehe man eine neue Generation von Filialleitern heran. Die Mitarbeiter könnten sich dadurch auch besser in die Lage des Filialleiters hineinversetzen und diesen mehr respektieren, da sie so am eigenen Leib verspürten, wie anstrengend der Chefposten sein kann.

- An Tagen, an denen der Laden besonders unterbesetzt ist und alle sehr unter Druck stehen, begeht Kim Gibialante aus Greer, South

Carolina, spontan einen „Ehrentag einer Friseuse". Kim überreicht einer ihrer Mitarbeiterinnnen völlig überraschend mitten am Tag Blumen, holt ihr ein Mittagessen aus dem Restaurant ihrer Wahl und „macht den ganzen Tag viel Aufhebens um sie".

37 | Stellen Sie Streßhilfe-Sets zusammen

Einer Verkaufsleiterin von *Dun and Bradstreet Software* fiel auf, daß die ihr unterstellten Telefonberater ziemlich unter Streß standen. „Sie stehen im Kundendienst Tag für Tag an vorderster Front", meinte sie. „Die Leute, die um Hilfe rufen, sind fast immer unter Druck; um eine positive und dauerhafte Beziehung zu unseren Kunden aufbauen zu können, ist es deshalb ungeheuer wichtig, daß unsere Berater die Ruhe bewahren." Um sie dabei zu unterstützen, stellte sie ein „Streßhilfe-Set" zusammen, das aus Kaugummi, Aspirin, einer Kassette mit Sketches, aufziehbaren Spielzeugfiguren für den Schreibtisch und einem Gummikopf zum Zusammendrücken, wenn die Stimmung am Telefon besonders angespannt ist, besteht.

Ritch Davidson von *Playfair* war von dieser Idee dermaßen angetan, daß er ein ähnliches Set für seine Kunden und Kollegen entwarf. Dieses *Playfair*-Streßhilfe-Set beinhaltet drei „Gemüsekulis" (einen Kugelschreiber in Karottenform, einen Maiskolben- und einen Essiggurken-Kugelschreiber), eine Garnitur Klapperzähne mit kleinen Füßen, die hüpfen, wenn man sie aufzieht, eine rote Clown-Nase aus Schaumgummi und eine von den *Playfair*-Mitarbeitern aufgenommene Audiokassette mit dem Titel „Lachen Sie sich Ihren Streß weg!".

160

Ritch entwarf für das Set folgende Anleitung:

„Wenn Sie sich selbst zu ernst nehmen, ist es höchste Zeit für eine kleine Aufheiterung!

Indikation: Für zeitweilige Erleichterung bei zusammengebissenen Zähnen, Genickstarre und Muskelverspannungen sowie in dem Zustand, in dem Sie sich befinden, kurz bevor Sie sich die Haare mitsamt den Wurzeln ausreißen, oder bei sonstigem sonderbarem Allgemeinverhalten, wobei all diese Erscheinungen in Zusammenhang mit generellen Streßfaktoren am Arbeitsplatz, zu Hause, im Straßenverkehr, auf dem Golfplatz, in der Warteschlange ... zu sehen sind.

Dosierung: So oft wie nötig ab den ersten Anzeichen mangelnden Wohlbefindens.

Die *Gemüsekulis* dienen der Schmerzlinderung, wenn Sie das nächste Mal einen Scheck über einen Betrag mit mehr als zwei Nullen ausstellen müssen.

Die *Klapperzähne* verwenden Sie, wenn Sie demnächst einen unerhört langweiligen Kunden an der Strippe haben ... Lassen Sie dann die Zähne über Ihren Schreibtisch marschieren. Die *Clown-Nase* stülpen Sie über, wenn Sie das nächste Mal im Stau stecken: Ihnen wird sie nicht viel bringen, aber die Autofahrer rundum werden darauf abfahren! Und zu guter Letzt die Audiokassette „Lachen Sie sich Ihren Streß weg!": Sie wird Ihnen zu der Erkenntnis verhelfen, daß man in jeder Streßsituation die Möglichkeit hat, genau diese Situation auch aus einem ganz anderen Blickwinkel zu betrachten. *Weshalb also den Streß wählen?"*

Gibt es in Ihrem Büro jemanden, der in den nächsten Wochen starkem Druck ausgesetzt sein wird, um einen Projekttermin einzuhalten? Machen Sie sich auf ins Spielwarengeschäft, und stellen Sie ein persönliches, auf die jeweiligen Bedürfnisse zugeschnittenes Streßhilfe-Set unter dem Titel „Inhalt steht unter Spannung" für diese Person zusammen. Es spielt keine Rolle, ob Sie dieser Person das Streßhilfe-Set feierlich überreichen oder es einfach irgendwo verstecken, damit es später als anonymes Geschenk entdeckt wird. Wichtig ist, daß diese Person in einer spannungs- und streßgeladenen Zeit weiß, daß jemand an sie denkt. Wie die Psychotherapeutin Annette Goddheart, Autorin des Buches *Laughter Therapy* [Lachtherapie], so treffend bemerkte: „Nur weil wir uns scheußlich fühlen, heißt dies noch lange nicht, daß wir darüber nicht lachen können!"

....

EINMAL PRO WOCHE: 52 WEGE ZU SPASS AM ARBEITSPLATZ

....

38 Organisieren Sie monatlich einen Ausflug

Die *Self-Esteem Seminars Company* in Pacific Palisades, Kalifornien, organisiert monatlich einen Ausflug für Mitarbeiter und geladene Gäste, damit diese einander außerhalb des Arbeitsalltags kennenlernen können. Die Planung der Veranstaltung obliegt jeden Monat einem anderen Mitarbeiter. So kommt es beispielsweise zu einer Standparty, zum Besuch eines Lustspiels, zu einem abendlichen Go-Kart-Rennen oder zu einem Eishockeymatch mit Besen als Schlägern.

Jack Canfield, der Vorstandsvorsitzende der Gesellschaft, berichtet, daß der Schlüssel zur Lösung der Frage, warum diese Treffen überhaupt zustande kommen können, darin zu suchen ist, daß sie regelmäßig stattfinden. „Würden wir sie dem Zufall überlassen", meint er, „dann käme immer ‚etwas Wichtigeres' dazwischen. So sind diese Ausflüge aber ein Fixpunkt auf dem Terminkalender jedes Mitarbeiters, und eine bestimmte Person ist jeweils für die Organisation und Durchführung verantwortlich. Auf diese Art und Weise lassen wir dieses organisierte Vergnügen keinen Monat aus!"

39 | Suchen Sie das Kind im Manne/in der Frau

Eldon Peterson, der für den Bereich Verkauf zuständige Vorstand der *VHA Supply Company* aus Irving, Texas, entwarf Sticker in der bei Wahlkämpfen üblicherweise verwendeten Größe, und zwar mit dem Babyfoto jedes seiner Verkäufer. Ferner bat er alle Verkäufer um „eine wahre Begebenheit aus Ihrem Leben, von der niemand anderer in der Firma etwas weiß", und fügte den Stickern die jeweiligen „Faktenblätter" hinzu. Anläßlich der US-Verkäufertagung der *VHA Supply Company* gab Eldon jedem Verkäufer wahllos einen Sticker samt dazugehörigem Faktenblatt mit der Anweisung, „diese der entsprechenden Person zu übergeben".

Die Verkaufsmitarbeiter gingen daraufhin im Konferenzsaal umher und stellten einander Fragen, wie zum Beispiel: „Sind Sie derjenige, der im Alter von 12 Jahren beim Spielen mit Dynamit die Wiese niedergebrannt hat?" oder „Waren Sie 1978 Ballkönigin?" Die Verkäufer hatten nicht nur ihren Spaß daran, einander kennenzulernen, meinte Eldon, sie übten sich dabei auch im Formulieren von Sondierungsfragen, was für ihren Job nur von Nutzen sein konnte.

40 | Machen Sie einen Rollentausch

Einmal im Jahr gibt die Führungsriege der Fernsehstation *KHET-TV* in Honolulu für die übrigen Mitarbeiter eine Party. „Dies ist unsere Art, den Leuten, die sich das ganze Jahr lang um uns kümmern, Anerkennung zu zollen", meint Dr. James Young, der Generaldirektor von *Hawaii Public Television*. „Bei dieser Party bedienen *wir* unsere Mitarbeiter, das heißt also, daß das Management einkauft, kocht und den anderen Mitarbeitern die zubereiteten Speisen serviert."

Kasey Dorn und Debbie White, die für die Region Houston zuständigen Direktorinnen von *Supercuts,* trieben die Idee des Rollentauschs noch einen Schritt weiter. „Der Monat August ist unser stärkster Monat", erzählt Kasey Dorn. „Also schraubten wir den 16 Läden in der Region Houston die Zielvorgaben für diesen Monat sehr hoch und stellten unseren Mitarbeitern bei Erreichung dieser Ziele in Aussicht, daß wir in ihren Läden auftauchen und einen Tag lang Hilfsdienste leisten würden.

Im darauffolgenden Monat verbrachten Kasey und Debbie jeweils einen Tag in den sieben Läden, die ihre Zielvorgaben für August überschritten hatten. Kasey und Debbie erschienen, als französische Stubenmädchen verkleidet, mit weißen Spitzenhäubchen und Schürzchen, auf denen zu lesen war: „*Supercuts*-Dienstmädchen des Tages". „Wir erklärten ihnen, wir würden alles tun außer Haare schneiden und Geld einkassieren", erinnert sich Kasey. „Wir drückten allen Friseusen ein Glöckchen in die Hand, damit sie klingeln konnten, wenn sie etwas von uns brauchten. Sie hielten uns auf Trab und ließen uns den Boden aufkehren, Haare waschen, zu Boden gefallene Kämme aufheben usw. Wir notierten die Namen der Kunden, die auf einen Haarschnitt warteten, nahmen Bestellungen für das Mittagessen entgegen, holten dieses, gingen hinaus auf den Parkplatz, um Sachen, die die Friseusen im Auto vergessen hatten, zu holen ...

Die ganze Geschichte ermöglichte uns den Umgang mit den Friseusen in einer heiteren Atmosphäre, wir konnten ihnen damit zu verstehen geben, daß wir nicht nur Managerinnen, sondern auch Menschen sind. Auf diese Weise konnten sie sehen, daß wir sehr wohl wissen, was es heißt, jeden Tag dort zu stehen, daß wir begreifen, wie ihr Job wirklich aussieht. Wir wiederum hatten die Möglichkeit, auf unkonventionelle und humorvolle Art und Weise Kontakt mit den Kunden zu pflegen und mit ihnen über ihre Eindrücke von unseren Läden zu sprechen. Vor dem Weggehen meinten die meisten Kunden: ‚Also, ich kann es kaum glauben, das muß ich gleich meinem Chef erzählen!'"

KAPITEL 7

Feiern und Rituale

Ich hörte einmal einen Vortrag Thich Nhat Hanhs über die Idee des „Sangha", was im Buddhismus soviel wie: „Gemeinde" bedeutet. Genauer gesagt versteht man unter Sangha eine Gruppe von Personen, die mit einer gemeinsamen Absicht, zur Erfüllung einer gemeinsamen Aufgabe, zusammenkommen, sei es, um miteinander zu beten, ein Produkt zu kreieren oder gemeinsam eine Leistung zu erbringen. Soweit zu den praktischen Gründen für einen Sangha. Der geistige Zweck eines Sangha besteht jedoch darin, den Mitgliedern der Gruppe dabei zu helfen, ihre Beziehung zueinander sowie ihre Beziehung zum Rest der Welt bewußter wahrzunehmen.

Während ich Thich Nhat Hanh zuhörte, wurde mir klar, daß aus den *Playfair*-Mitarbeitern ein „Sangha" werden konnte, daß wir in noch höherem Maße zum Team werden konnten, als wir es bereits waren. Obwohl wir rein geographisch in alle Windrichtungen verstreut und noch dazu alle ständig unterwegs sind, fühlen wir uns einander doch zutiefst verbunden. Ein Sangha entspricht der höchsten Stufe von Teambildung, da die Sangha-Mitglieder sich selbst nicht als eigenständige Wesen empfinden, sondern die eigene Person als Teil eines größeren Ganzen auffassen.

Thich Nhat Hanh brachte an jenem Tag einen Vergleich, der mir bestens in Erinnerung geblieben ist: „Ihr seid keine Einzelgeschöpfe; jeder von euch ist ein Körperteil – ein Teil des Sangha-Körpers." Natürlich müssen die Teile eines Körpers zusammenarbeiten, wenn der Körper vor der Welt bestehen will. Es ist beispielsweise sinnlos, wenn der Arm auf das Bein eifersüchtig ist. Jeder der beiden ist mehr als nur ein Arm oder Bein – gesamthaft betrachtet, sind sie Teil eines größeren Körpers, und zusammen sind sie mächtiger, funktionstüchtiger und nützlicher, als sie dies als einzelne Gliedmaßen sein können.

Ich wollte allen *Playfair*-Mitarbeitern klarmachen, daß die *Playfair*-Organisation in dieser Hinsicht einem Körper ähnlich ist; daß wir Teil eines Ganzen sind, das größer als unser einzelnes Ich ist; daß wir Teil eines Teams sind, ja, Teil eines Sangha.

Am Arbeitsplatz eine Gemeinschaft vorzufinden, eine Gemeinschaft von Leuten, die einander nicht gleichgültig sind, die einander anregen und unterstützen, halte ich für eines der wichtigsten Ziele im Geschäftsleben. Selbstverständlich müssen wir nach Gewinn streben, und natürlich ist es wichtig, daß wir einer Arbeit nachgehen, die uns mit Stolz erfüllt. Von größter Bedeutung scheint mir jedoch die Tatsache zu sein, daß die *Playfair*-Leute sich als eine Gemeinschaft empfinden, deren Mitglieder sich aufeinander verlassen können.

Gemeinschaftssinn entsteht dann, wenn die Mitarbeiter eines Unternehmens entdecken, daß sie gemeinsame Geschichte geschrieben haben. Stellen wir uns unter „gemeinsamer Geschichte" am besten eine Reihe von Ereignissen vor, die die interne Kultur eines Betriebes prägen, zum Beispiel Vorkommnisse, über die die betroffenen Personen auch dann noch reden oder auf die sie auch dann noch anspielen, wenn diese Ereignisse längst der Vergangenheit angehören. Ein Teil dieser gemeinsamen Geschichte entwickelt sich im Laufe der Zeit von selbst, nämlich dadurch, daß man gemeinsam Geschäfte macht. Ein Manager kann den Sinn für gemeinsame Geschichte jedoch zusätzlich fördern, indem er in den Mix, der das Dasein in einem Unternehmen ausmacht, verschiedene Teambildungs-Erfahrungen einfließen läßt. Einige erfolgreiche Beispiele dafür haben wir bereits näher beleuchtet: etwa Kirt Womacks Papierflieger-Wettstreit, sein Volleyball-Spiel in der Fabrikhalle ... die monatlichen Ausflüge von Jack Canfields *Self-Esteem Company* ... der Ausflug, den Dr. Jeff Alexander mit seinen Mitarbeitern ins Einkaufszentrum machte. Bei jedem dieser Ereignisse können die Mitarbeiter auf eine gemeinsame Erfahrung zurückblicken und als Ergebnis des in der Gruppe erlebten Spaßes Erfüllung, Stärke oder Nähe empfinden.

Innerhalb der *Playfair*-Organisation wurzelt der Großteil unserer gemeinsamen Geschichte in unserer alljährlichen Mitarbeiterklausur. Die Mitglieder der *Playfair*-Organisation sind über die gesamten Vereinigten Staaten und über Kanada verstreut stationiert, und wir treffen einander nur einmal im Jahr als Gruppe.

Wir halten unsere Klausuren im Regelfall auf einer gemieteten Ranch ab, wo es Schlafkojen und einen großen Tagungsraum gibt. Der Anblick des Nachthimmels von der Ranch aus ist atemberaubend und verstärkt das herrliche Gefühl, das ich empfinde, wenn ich durch das Areal schlendere und zwei Leute, die sich vor ihrer Einstellung überhaupt nicht gekannt haben, tief in ein Gespräch versunken sehe. Ich empfinde dann Erfüllung und Zugehörigkeit zu etwas viel Größerem als meinem eigenen Ich.

Während der *Playfair*-Klausur sorgen wir ganz bewußt dafür, daß geschichtsträchtige Ereignisse verschiedenster Art stattfinden. Wir haben zusammen einen Kletterkurs am Seil unternommen, einen Selbstverteidigungskurs belegt und Unterricht in afrikanischem Trommeln genommen. Wir sind in die vulkanischen Schlammbäder in Calistoga hinabgestiegen, nahmen an einer Clown-Werkstatt teil und wohnten gemeinsam einer Hochzeit bei. Wir haben gemeinsam im Freien kampiert und sind durch die Mammutwälder gewandert. Wir sind nach Sanibel Island in Florida zu einem gemeinsamen Computerkurs gefahren und haben eine Klausur in den schneebedeckten Bergen von British Columbia abgehalten. Ein anderes Mal hat sich unser gesamtes Unternehmen zu einer Winterklausur auf der Karibikinsel Aruba eingefunden. Zur Erinnerung an den 20. Jahrestag unserer

Firmengründung gaben wir einen Wandkalender mit verschiedenen Fotomotiven aus den 20 Jahren unserer gemeinsamen Abenteuer heraus.

Neben diesen Gruppenabenteuern stellen vor allem die Feiern und Rituale, die einen wesentlichen Bestandteil unserer Unternehmenskultur bilden, eine bedeutende Quelle für gemeinsam erlebte Geschichte dar. Mir liegt sehr viel daran, daß man sich die Zeit nimmt, kleine wie große Erfolge außerhalb der Büroräumlichkeiten zu feiern. Der erste Tag unserer Mitarbeiterklausur ist mit immer wiederkehrenden Ritualen, die uns schon zur Tradition geworden sind, ausgefüllt: eine feierliche Eröffnung, im Rahmen derer jeder Mitarbeiter des Unternehmens mit positivem Feedback überhäuft wird; ein feierlicher Willkommensgruß an die neu eingetretenen Mitarbeiter; das Erwähnen von langjähriger Unternehmenszugehörigkeit (zum Beispiel zehnjährige Firmenzugehörigkeit) und die Überreichung eines Erinnerungsgeschenks an jeden Anwesenden.

Ich bin ständig auf der Suche nach Andenken an die jeweilige Klausur. In einem Jahr kauften wir als Andenken Uhren mit dem *Playfair*-Firmenlogo. Die Uhren waren das geistige Produkt unserer Mitarbeiter-Trainerin Mahara Brenna, während Charmaine Silverstein, meine Vorstandsassistentin, mit dem Design und Einkauf der Uhren betraut war. Aus diesem Grund bat ich Mahara und Charmaine, sich für eine feierliche Übergabe der Uhren an die Mitarbeiter etwas einfallen zu lassen. Ich war ebenso überrascht wie die anderen, als die beiden als „Vater und Mutter Zeit" verkleidet auftauchten. Mahara hatte sich eine Glatzenperücke über den Kopf gestülpt, einen Schnurrbart und Kinnbart angeklebt und trug einen langen Stab. Charmaine verbarg ihr eigenes Haar unter einer weißen Puderperücke und trug ein weites Kleid, das mit Kissen ausgestopft war. Im Arm hielt sie einen großen Weidenkorb voller Uhren. Die beiden spielten einen kurzen Sketch, der sich auf die Zeit bezog und darauf, daß diese wohl das schönste Geschenk sei, daß man jemandem bereiten könne.

Dann teilten sie die Uhren aus, nicht ohne jedem von uns genaue Anweisungen zu geben, wie man eine Uhr am Handgelenk des Sitznachbarn befestigt. Danach nahmen „Vater und Mutter Zeit" unter begeisterten Zurufen, Pfiffen, tobendem Beifall und Gestampfe ihren Abgang aus dem Saal.

Im Jahr darauf, als es an die Verteilung des Erinnerungsgeschenks in Form von *Playfair*-Strandtüchern ging, erschienen „Vater und Mutter Zeit" auf allgemeinen Wunsch hin erneut und wurden noch stürmischer empfangen als im Jahr zuvor. Von da an würde bei der *Playfair*-Klausur ohne ein Gastspiel von „Vater und Mutter Zeit" etwas fehlen. Dies soll als Beispiel dafür dienen, wie Unternehmenstraditionen geboren werden können.

Die meisten Feierlichkeiten der gesamten *Playfair*-Gruppe werden lange im voraus geplant, manchmal allerdings kommt es zu ganz spontanen Feiern, wie dem „Weg des Segens" (ein Ritual der Navajo-Indianer, das durch die Herstellung eines Zustands der Harmonie mit den guten Geistern Glück bringen soll), den wir beschritten, als Carla ihre Verlobung bekanntgab; oder die spontane Sponsionsfeier, als Sarah verkündete, daß sie ihre letzte Prüfung geschafft hatte; und schließlich das „Fruchtbarkeitsritual", das die Frauen nach Terrys Hochzeit für sie veranstalteten (es hat gewirkt – sie hat ein Mädchen zur Welt gebracht!).

Rituale und Feiern dieser Art bringen Frohsinn, Dramatik und Spannung in unsere Tagungen. Während uns die Tagungen dadurch einerseits mehr Spaß machen, erfüllen sie andererseits auch einen tiefergehenden Zweck. In der Zeit, in der unsere Rituale und Feiern stattfinden, sprechen wir untereinander eine andere Sprache als üblich, und diese nonverbale Kommunikation trägt dazu bei, daß eine Gruppe in ihrer Struktur gefestigt wird, was wiederum für die Teambildung ungeheuer wichtig ist. Die Jahr für Jahr wiederkehrenden Rituale geben unseren Tagungen eine familiäre Prägung und helfen uns dabei, allgemeine Belange in bezug auf Identität, Verbundenheit und Macht auf Gruppenebene anzuschneiden.

Einmal – es war Sommer, und unsere Mitarbeiterklausur war in vollem Gange – sah ich in die Runde und wußte mit unfehlbarer Sicherheit, daß es keinen Platz auf Erden gab, an dem ich damals lieber gewesen wäre. Ich wußte, daß jene fünf Tage für mich zu den schönsten Tagen des Jahres zählen würden, und obwohl mir klarwar, daß es nicht nur freudvolle, sondern auch konfliktreiche Zeiten geben würde, war ich dennoch sicher, daß die gute Stimmung, die gegenseitige Unterstützung und der Sangha alle anderen Gefühle in den Schatten stellen würde.

Ich versuchte, den *Playfair*-Mitarbeitern zu erklären, wieviel mir diese Sommerklausuren bedeuteten und wie wichtig es mir war, diesen Mitarbeitern in meinem Leben begegnet zu sein. Ich sagte ihnen, daß mich unsere gemeinsame Arbeit mit großem Stolz erfüllte. Und dann ertappte ich mich dabei, etwas ziemlich Erstaunliches zuzugeben: „Im Innersten meines Herzens bin ich mir eigentlich nicht ganz darüber im klaren, ob der Zweck dieser gemeinsamen Reise an einen abgeschiedenen Tagungsort darin besteht, uns darauf vorzubereiten, das übrige Jahr hindurch Erfolg zu haben und Gewinne zu schreiben, oder ob wir vor allem deshalb nach Erfolg und Gewinn streben, damit wir es uns leisten können, jedes Jahr miteinander zu verreisen!"

Wenn Sie mit Ihrer Firma, Ihrer Abteilung oder Ihrem Team verreisen, können Ereignisse eintreten, die das emotionale Wohlbefinden der Beteiligten in einer Weise stärken, wie dies an normalen Arbeitstagen oder in normalen Arbeitswochen kaum jemals der Fall sein wird. An einem abgeschiedenen Tagungsort herrscht eine entspannte Atmosphäre, was die Teambildung auf natürliche Weise begünstigt. Sobald der Alltagsdruck gewichen ist und die Ablenkungen des Büros in die Ferne gerückt sind, hat Ihre Gruppe Gelegenheit, sich auf die Definition eines klaren Zukunftsbildes Ihres Unternehmens und auf die emotionale Bindung zu konzentrieren. Wenn Sie sich mit Ihren Mitarbeitern und Kollegen in einen Klausurort zurückziehen, bereiten Sie einen fruchtbaren Boden für spontane Feiern und

Rituale. Sie erhöhen damit in hohem Maße die Chance, daß gemeinsame Geschichte geschrieben wird, was sich wiederum über Jahre hinweg positiv auf Ihre gemeinsame Arbeit auswirken kann.

 Gestalten Sie Artikel mit Ihrem Firmenlogo

Bei jeder *Playfair*-Mitarbeiterklausur überreichen wir in feierlichem Rahmen ein Kleidungsstück mit dem *Playfair*-Firmenlogo. Durch das Abhalten dieser Zeremonie hat der Erhalt der Jacke, des T-Shirts oder Strandtuchs jedes Mal beträchtlich an Bedeutung gewonnen. Jedesmal, wenn ich in den letzten Jahren meine *Playfair*-Baseball-Kappe aufsetzte, mußte ich an die feierliche Überreichung der Kappe denken.

Ich sprach einmal vor einer Gruppe von *MCI*-Verkaufsmitarbeitern, die sich auf einer Tagung in einem Seminarhotel in Phoenix befanden. Als ich nach dem Gespräch in mein Hotelzimmer zurückkam, fand ich eine Sonnenbrille mit dem *MCI*-Logo auf den Gläsern auf meinem Bett liegen. (Später bekam ich heraus, daß der Organisator der Tagung in die Zimmer aller Tagungteilnehmer eine solche Sonnenbrille gelegt hatte.) Ich setzte die Sonnenbrille auf, sah in den Spiegel, in dem ich durch das *MCI*-Logo hindurch mein Gesicht erblickte, und dachte: „Ist das nicht lustig! Was für eine großartige Idee!"

Unverzüglich beschloß ich, rechtzeitig für unsere alljährliche Sommerklausur Sonnenbrillen mit dem *Playfair*-Logo anfertigen zu lassen. Die Idee, den *Playfair*-Klausurteilnehmern die Sonnenbrille auf das Kopfkissen zu legen, gefiel mir jedoch nicht sonderlich. Ich wußte, daß die Brillen viel mehr Eindruck hinterlassen würden, wenn wir sie alle gemeinsam entdeckten.

Die Klausur fand an unserem Lieblingstagungsort, der *Rainbow Ranch* in Calistoga, Kalifornien, statt. Am zweiten Tag der Klausur versammelte sich die gesamte Belegschaft zur Morgenbesprechung im Gästehaus. Nachdem wir zwei Stunden lang durchgearbeitet hatten, hatten wir eine Pause nötig. Ich führte die Gruppe nach draußen, und wir stellten uns in einem großen Kreis auf. Dann bat ich die Leute, die Augen zu schließen und laut im Chor zu rufen: „Die Zukunft strahlt so hell, wir brauchen eine Sonnenbrille!" Meine Assistentin und ich schritten inzwischen den Kreis an der Innenseite ab und setzten den Leuten, die die Augen geschlossen hatten, die Sonnenbrille auf die Nase.

Als die *Playfair*-Mitarbeiter ihre Augen öffneten, lachten mir lauter strahlende Gesichter entgegen. Der Sprechchor „Die Zukunft strahlt so hell, wir brauchen eine Sonnenbrille!" war plötzlich in doppelter Lautstärke zu hören. Tatsache ist, daß der Sprechchor während der fünf Klausurtage oftmals losbrach und sich bald zu einem häufig verwendeten Freudenchor entwickelte, der immer dann laut wurde, wenn im Unternehmen irgend etwas Positives vorfiel.

Die Verteilung der Sonnenbrillen an die Gruppe war Ausdruck meiner Anerkennung für die Arbeit, die wir als Team geleistet hatten. Wenn Sie Ihrem Team Ihre Wertschätzung kenntlich machen wollen, so sollte dies öffentlich und in feierlichem Rahmen, und nicht etwa unter vier Augen, erfolgen. Und wenn diese Feiern in aller Öffentlichkeit in irgendeiner Form eine Überraschungskomponente oder ein theatralisches Element beinhalten, machen sie mehr Spaß und bleiben in der Erinnerung noch besser haften.

Im Laufe der Jahre hat es sich ergeben, daß so manche, die Übergabe von *Playfair*-Artikeln begleitende Feier lang dauerte und kompliziert und durchdacht war; andere wiederum waren nach ein paar Minuten vorüber. Einige Feiern riefen wahre Lachsalven hervor, bei anderen wurde an die Gefühlsebene appelliert. Bei mir persönlich hat das Ritual anläßlich der Überreichung der *Playfair*-Jacken den tiefsten Eindruck hinterlassen. Gleichzeitig mit dem Erhalt der Jacke erhielten alle *Playfair*-Mitarbeiter jede Menge positives Feedback von den restlichen Mitarbeitern des Unternehmens. Einer nach dem anderen standen wir, die gerade erhaltene Jacke um die Schulter gelegt, in der Mitte des Kreises, während die anderen Mitarbeiter lautstark Worte des Zuspruchs und der Anerkennung für uns fanden. Danach langte derjenige, der in der Mitte des Kreises stand, in den Korb, zog die nächste Jacke heraus und las den auf die Jacke gestickten Namen vor – woraufhin sich die Person dieses Namens in die Mitte stellte. Die Ausgabe der Jacken dauerte fast den ganzen Nachmittag, es war jedoch ein wunderschöner, von Lachen und Tränen erfüllter Nachmittag, an dem die Leute einander aus ganzem Herzen ihre gegenseitige Anerkennung bekundeten.

Als Manager kann man das diesen Aktivitäten vorausgehende Brainstorming einzelnen Mitarbeitern überlassen, die über genug Kreativität und Vorstellungsvermögen verfügen und einen Hang zur Theatralik besitzen. So habe auch ich bei weitem nicht alle *Playfair*-Rituale selbst erfunden – ganz im Gegenteil. Nach den ersten Malen trat ich die Verantwortung dafür an andere ab, um sie zu kreativem Denken zu ermutigen. Auf diese Weise konnte ich mich bei der Geschenkübergabe ebenso überraschen lassen wie alle anderen auch. Bei einer Klausur händigte ich Carol Ann und Mahara eine Anzahl *Playfair*-Kugelschreiber aus und ersuchte sie, sich für deren Überreichung etwas einfallen zu lassen. Die beiden stellten im Tagungsraum vorne ein Flip-chart auf und verkündeten: „Sie werden sich bei dieser Präsentation ein paar Notizen machen müssen." Bevor auch nur einer von uns nach seinem Kugelschreiber greifen konnte, erklärten sie uns: „Schreibbehelfe finden Sie

1. an einem Platz, an dem es zu kalt ist, als daß etwas Schimmel ansetzen könnte;

2. an einem Ort, an dem man meditieren und etwas loswerden kann;
3. an einem Ort, an dem man etwas mitteilen oder mitfühlen kann;
4. an einem schattigen Platz, an dem Sie sich den Bauch vollschlagen können.

Einige Augenblicke lang blieben wir auf unseren Stühlen sitzen und starrten sie verblüfft an, da wir nicht die geringste Ahnung hatten, was man von uns erwartete. Als uns aber die Lösung der Rätsel eingefallen war, rannten wir wie die Verrückten

1. zum Kühlschrank,
2. zu den Toiletten,
3. zu den Münztelefonen,
4. zu den Picknicktischen im Freien, wo wir gerade zu Mittag gegessen hatten.

Derjenige, der als erster an dem jeweiligen Ort eintraf, fand dort eine Schale mit Firmenkugelschreibern vor, die er sodann an die anderen Mitarbeiter verteilte. Mit neuer Energie vollgetankt und bereit, mit Feuereifer Notizen zu machen, kamen wir aus allen Winkeln des Gästehauses der Ranch zurück in den Tagungsraum.

· ·

Einmal pro Woche: 52 Wege zu Spass am Arbeitsplatz

· ·

42 | Verteilen Sie Stofftiere

Arthur Garza, der Verkaufsdirektor einer großen Hotelkette, stellt seine Managementphilosophie gerne folgendermaßen dar: „Unsere

Jobs haben mit Verkaufen zu tun, also sehe ich zu, daß meinen Leuten das Verkaufen Spaß macht. Wenn ich neues Verkaufspersonal in Ausbildung nehme, rufe ich die Leute zu mir ins Büro und zeige ihnen eine Regalwand voller Stofftiere. ‚Jedes dieser Stofftiere steht hier stellvertretend für einen größeren Verkaufsabschluß, der in den letzten Monaten getätigt wurde', erkläre ich ihnen. Dann greife ich in die Kiste mit meinen Stofftier-Vorräten und gebe jedem einen Armvoll davon. Dabei füge ich hinzu: ‚Diese Tiere verdienen einen Ehrenplatz in diesen Regalen. Wenn Sie einen Abschluß tätigen, bringen Sie mir eines dieser Stofftiere, damit wir es in das Regal stellen können, dort, wo es hingehört!'"

Auch die Verkäufer wissen, daß Arthur sehr daran gelegen ist, sich Zeit zum Feiern eines Verkaufsabschlusses zu nehmen. Da das Eintreffen eines Stofftieres in Arthurs Büro ein untrügliches Zeichen dafür ist, daß eine Feier ansteht, lassen ihm die Verkäufer die Stofftiere natürlich mit dem größten Vergnügen zukommen. Einmal ließ ein Verkäufer einen Plüschbären an einer Angelschnur vom dritten Stock hinunter und schwang ihn durch das Fenster in Arthurs Büro. Ein anderes Mal benützte Arthur gerade die Herrentoilette, als es an der Tür klopfte und ein Plüschpudel von oben in die WC-Zelle geflogen kam und in seinem Schoß landete.

Wieder ein anderes Mal führte Arthur gerade ein Telefongespräch mit einem langjährigen Lieferanten, als drei Topverkäufer in sein Büro gestürzt kamen. Sie begannen, um seinen Schreibtisch herumzulaufen und ihn mit Stofftieren zu bombardieren. Dabei riefen sie lauthals durcheinander, daß sie einen bedeutenden Kunden für sich gewonnen hätten. Der Lieferant, der schon in Arthurs Büro zu Gast gewesen war und alles über seine Stofftier-Wand wußte, stimmte in die Freudenkundgebung ein. „Wir leben, um zu verkaufen, und Verkaufen macht uns Freude", meint Arthur, „also können wir es uns dabei auch gutgehen lassen!"

43 Führen Sie ein Willkommensritual ein

Wäre es nicht eine gute Idee, eine Party für einen neuen Mitarbeiter an dessen erstem Arbeitstag zu geben, anstatt auf eine Feier so lange zu warten, bis jemand in Pension geht? Dies wäre doch eine großartige Möglichkeit, einem neuen Mitarbeiter von Beginn an das Gefühl zu vermitteln, daß er zum Team gehört, und damit zum Ausdruck zu bringen: „Willkommen! Wir freuen uns, daß du hier bist!"

In der *Playfair*-Organisation schicken wir den Angestellten an ihrem ersten Arbeitstag Blumen, und während der ersten Mitarbeiterklausur, an der sie teilnehmen, wird eine ausgeklügelte Willkommenszeremonie abgehalten. Der Prototyp jeder Willkommenszeremonie war „Eddie DeAngelo und der geheimnisvolle Kreis".

Vor zehn Jahren, als wir erwogen, einen neuen Trainee in die Firma aufzunehmen, fragten wir uns: „Wie können wir unseren neuen Mitarbeiter darin bestärken, sich als Mitglied des Teams zu fühlen?" Die *Playfair*-Trainerin Mahara Brenna hatte eine phantastische Idee: Sie schlug vor, ein Ritual abzuhalten, durch das Eddie, damals unser neuer Trainee, zum „Geheimnisbewahrer" gemacht werden sollte.

In jeder Organisation gibt es Teilbereiche der Firmengeschichte und Unternehmenspolitik und Geheimnisse rund um das Unternehmen, in die ein Neuling erst im Laufe der Zeit Einblick gewinnt. Dadurch, daß der Firmenneuling in diese Informationen nicht eingeweiht ist, fühlt er sich natürlich in seiner Macht beschnitten. Das Gegenteil von Macht ist Verletzbarkeit oder Angreifbarkeit. Aus diesem Grund bestand für uns übrige Mitarbeiter darin eine Möglichkeit, einen Machtausgleich zu bewerkstelligen, uns selbst für Eddie verletzbar zu machen, indem wir ihm in irgendeiner Form „übermenschliche Macht" über uns verliehen.

Die Mitarbeiter des Unternehmens stellten sich nach Maharas Anweisungen in einem großen Kreis auf, in dem Eddie, dem man eine Augenbinde umgebunden hatte, reihum von einer Person zur anderen geführt wurde. Jeder flüsterte ihm eine wahre Begebenheit über sich selbst zu, von der sonst keiner im Unternehmen etwas wußte. Mit Hilfe einer Rolle Kreppapier wurde Eddies Spur von einem Mitarbeiter zum nächsten festgehalten, so daß die Firmenmitarbeiter in den darauffolgenden Tagen, wenn sie diese Stelle passierten, gegenständlich an das Ritual erinnert wurden.

Dadurch, daß wir *Playfair*-Mitarbeiter unserem frisch angeheuerten Mann eine Vorrangstellung einräumten und uns ihm mitteilten, haben wir dem Neuankömmling einen besonders herzlichen Empfang in unserer Mitte beschert. Diese Tradition ist nun schon seit Jahren aufrecht, und noch lange Zeit später erinnern wir uns jedesmal gern an die diversen Willkommensfeiern.

Sämtliche späteren Willkommensrituale bestanden aus denselben Grundelementen wie der „Geheimnisvolle Kreis", der Eintritt des neuen Mitarbeiters sollte in einer fröhlichen Atmosphäre gefeiert werden, und es sollte ihm zu verstehen gegeben werden, daß er als gerngesehenes gleichwertiges Mitglied dazugehörte. Man wollte ihm damit sagen: „Du bist ein wertvolles Mitglied dieses Teams. Du magst hier vielleicht neu sein, aber du bist nicht allein. Hier bekommst du jede Menge Unterstützung. Wir heißen dich willkommen. Hier kannst du unbesorgt spielen!"

44 **Führen Sie einen „Amtseid" ein**

Wenn der Präsident der Vereinigten Staaten die Macht übernimmt, legt er einen Amtseid ab, der seinen Aufgabenbereich und
seine Verantwortung gegenüber seinen Wählern klarstellt. Wie
wäre es, wenn Sie einen „Amtseid" für Ihr Unternehmen kreieren
würden, um dem neuen Mitarbeiter einen Überblick über den
Werdegang und das Leitbild Ihrer Firma zu verschaffen? Sie können dabei auch Ihren Spaß haben, wie Len LaBella, der Vorstandsvorsitzende des *Santa Monica Hospital* in Los Angeles, fest-
stellte.

Im Jahre 1989 wurde sein Krankenhaus vergrößert, und 15
neue Manager wurden eingestellt, um den wachsenden Be-
dürfnissen gerecht zu werden. Die neuen Manager hatten gerade
ein paar Monate in dem Krankenhaus gearbeitet, als Len eine
Sitzung einberief, um die neuen Mitglieder seines Führungs-
teams willkommen zu heißen. Mitten in der Konferenz verschwand Len, um bald darauf in einem improvisierten Nilpferd-
kostüm wieder aufzutauchen.

Dieser normalerweise achtbare, im Vollbesitz seiner geistigen Kräfte befindliche Generaldirektor hatte nun Hippo-Ohren
aufgesetzt und trug ein bodenlanges Hippo-Gewand. In der Hand
hielt er einen Stab, an dessen Ende ein Spielzeugnilpferd befestigt war. Er schwang seinen Zauberstab, um die Zeremonie ein-
zuleiten. Len stellte kurz heraus, daß der Hippo die Qualitäten
einer „High-Performance-Organisation" (HPO) und die eines
High-Performance-Managers versinnbildliche. Dann fuhr er fort,
den offiziellen „HPO(sprich: *hippo)*-kratischen Eid" von einer
Rolle abzulesen:

In Anbetracht dessen, daß der High-Performance-Manager ebenso wie der Hippo über den richtigen Körperbau verfügt, um jegliche Arbeitslast auf sich zu nehmen und sich dabei sicheren Fußes durch den tiefsten Morast gesetzlicher und gewerblicher Bestimmungen zu bewegen, und

in Anbetracht dessen, daß der Hippo und seine High-Performance-Gegenstücke das Idealbild an übergeordneten Werten, Qualität, Integrität und Achtung all jenen Personen, mit denen sie in Kontakt treten, verkörpern, und

in Anbetracht dessen, daß der Hippo das Wesen eines Managers symbolisiert, dessen umfangreiche Fähigkeiten einschließen, daß er einerseits über ein großes, weites Herz verfügt und andererseits ständig die Ohren spitzt, um die Umgebung nach neuen und bahnbrechenden Ideen zu sondieren, und

in Anbetracht dessen, daß der Hippo, wie der Manager der mittleren Führungsebene, schon seit Jahrhunderten erfolgreich überlebt, und zwar ganz ausgezeichnet überlebt, und damit die von Anthropologen und großstädtischen Wirtschaftsverlagen vertretene Theorie über gefährdete Arten widerlegt, und

in Anbetracht dessen, daß der Hippo und seine Freunde, die Unternehmensmanager, eine Kultur der Stärke und Sicherheit ausstrahlen,

aus eben diesen oben genannten Gründen erkenne ich, daß der Hippo mein Held ist, weshalb ich hier, am heutigen Tage, dem Hippo und allen, die sich hinter seinem Namen verbergen, sowie allem, was sich hinter seinem Namen verbirgt, meine Treue und Ergebenheit bekunde.

Die so Eingeweihten sprachen Len LaBellas Worte Zeile für Zeile nach und versuchten dabei, sich das Lachen, so gut sie konnten, zu verbeißen. Nachdem er fertiggesprochen hatte, stimmte Len ein mitreißendes „Hipp-hippo-rah!" an, und sein neues Team fiel begeistert ein. Die neuen Manager erhielten ein Geschenkpaket mit einem Sweatshirt, einem T-Shirt und einer Uhr, alles mit Hippo-Logo. Ferner wurde ihnen eine Anzahl „Hippogramm"-Memoblöcke ausgehändigt, damit sie einander Memos schreiben konnten.

Was kam nun bei all dieser ritualisierten Albernheit heraus? Laut Len LaBella fördert das Hippo-Ritual – ganz abgesehen von der Tatsache, daß damit die offizielle Einarbeitungszeit im Krankenhaus endet – die Teamarbeit, festigt den Kameradschaftsgeist, schafft unter den Managern eine lockere Atmosphäre und entfacht deren Vorfreude auf den Einstieg in das HPO-Programm. Es verstärkt das „High-Performance"-Konzept als Unternehmenswert auf eine heitere und unbeschwerte Art und Weise. „Kein schlechtes Ergebnis dafür, daß ich von Zeit zu Zeit den Hofnarren spiele", ist Len überzeugt.

45 Verschenken Sie kleine Geldbeträge

Mein Freund Luke Barber, der das Überraschungspicknick in der Parkgarage organisiert hat, gehört dem Lehrkörper der Philosophischen Fakultät des *Richland College* in Dallas an. Fast jeden Freitagnachmittag trifft sich eine aus Lehrkräften und Verwaltungsangestellten des Colleges bestehende Gruppe in einer nahegelegenen Bar zu einem Drink, um die Arbeitswoche ausklingen zu lassen.

Sollten Sie jemals mit ein paar Kollegen nach der Arbeit etwas trinken gegangen sein, so ist es wahrscheinlich nichts Neues für Sie, daß diejenigen, die am längsten dort sitzenbleiben, mit der Rechnung übrigbleiben. Eines Freitags waren die Leute wie üblich nach und nach gegangen und hatten vorher etwas Geld auf den Tisch gelegt. Das Ende des Abends war gekommen, und an dem Tisch saßen nur noch Luke und zwei Damen aus der Vermittlungsstelle für Studentenjobs. Die drei machten sich daran, ihre Sachen zu packen und aufzubrechen.

„Üblicherweise sieht die Situation dann so aus", faßt Luke zusammen, „daß die Rechnung kommt, du den Berg Geld zählst, den alle auf den Tisch gelegt haben, und dann merkst, daß ungefähr fünf Dollar fehlen. Aber das ist schon in Ordnung, schließlich fühlt man sich wirklich wohl, wenn man ein paar Krügeln Bier den Garaus gemacht hat, also stört einen ein Manko von fünf Dollar nicht. Was sind letztlich fünf oder zehn Dollar unter Freunden?"

An jenem Freitag jedoch geschah etwas, was Luke und seinen Kollegen niemals zuvor passiert war. Nachdem alle gegangen waren, hatten die drei um zwölf Dollar zuviel, sogar dann noch, als sie der Kellnerin bereits ein saftiges Trinkgeld gegeben hatten. Sie beratschlagten, was mit den zwölf Dollar nun geschehen sollte. Der naheliegendste Vorschlag war, den Umtrunk in der darauffolgenden Woche mit zwölf Dollar im Talon zu beginnen.

„Dann setzten sich allerdings die etwas benebelten Köpfe durch, und alle drei beschlossen wir, mit dem Geld etwas Verrücktes anzustellen", erinnert sich Luke. „Wir entschieden uns dafür, die zwölf Dollar zu verschenken." Sie sahen sich in der Bar um, und jeder suchte sich eine Person aus, die er kennenlernen wollte. Nacheinander standen sie mit ein paar Dollar aus der Gemeinschaftskasse in der Hand auf, gingen auf die fremde Person zu und legten das Geld vor ihr mit den Worten auf den Tisch: „Hier haben Sie, ich möchte, daß Sie dieses Geld bekommen." Dann gingen sie an ihren Tisch zurück und setzten sich wieder.

Zu ihrer größten Verwunderung war es Luke und seinen Kumpanen unmöglich, das überschüssige Geld loszuwerden, so sehr sie es auch versuchten. Tatsache war, daß innerhalb einer Viertelstunde 26 Dollar vor ihnen auf dem Tisch lagen. Die Leute kamen nach und nach an Lukes Tisch, um den dreien das Geld mit der Bemerkung zurückzugeben: „Hier haben Sie ihre zwei Dollar wieder, und ich lege noch zwei dazu!“ Kurz vor der Sperrstunde riefen die Leute einander quer durch den Raum Dinge zu, wie zum Beispiel: „Ich biete Ihnen zehn Dollar, wenn ich für zwei Männer an unserem Tisch zwei Frauen von Ihrem Tisch bekomme!“ Die Gäste machten einander wahllos, kreuz und quer durch die ganze Bar Geldgeschenke.

„Das war eine erstaunliche Erfahrung“, erinnert sich Luke. „Es war eine dieser seltenen Gelegenheiten, bei der durch einen einzigen verrückten Akt des Gebens eine ganze Schar fremder Leute zueinander fand. Ungeachtet der offensichtlichen Unterschiede und Gleichartigkeiten zwischen uns waren wir einfach da und ließen die anderen an unserem Selbst teilhaben wie alte Freunde.“

Die meisten Leute nehmen Geldangelegenheiten sehr ernst, weshalb Geld ein wirkungsvolles Instrument darstellt, um Aufmerksamkeit auf sich zu lenken. Dr. Jeff Alexander hat es im Einkaufszentrum herausgefunden, die *Playfair*-Mitarbeiter haben es an der Mautstation erlebt, und Luke Barber und seine Kollegen sind in der Kneipe draufgekommen: Wenn Sie Spaß mit ein wenig Bargeld koppeln, können Sie den Leuten in Ihrer Umgebung ganz unerwartet Freude bereiten. Verschenken Sie kleine Geldbeträge dort, wo man es am wenigsten erwartet, und erleben Sie, was alles geschehen kann!

46 Bringen Sie den Austausch von Weihnachtsgeschenken in Schwung

Der Austausch von Weihnachtsgeschenken im Büro stellt eine jener Aktivitäten dar, die sowohl beim Schenker als auch beim Beschenkten in gleichem Maße größtes Unbehagen oder Freude auslösen können. Wie wollen Sie sichergehen, daß jeder ein Geschenk in etwa demselben Wert erhält? Natürlich können Sie den Wert mit 15 Dollar begrenzen. Sie könnten alle Geschenke in eine Glückskiste geben und die Leute ein Geschenk ziehen, also den Zufall walten lassen. Wieder eine andere Möglichkeit wäre, vorher alle Mitarbeiter einen Zettel mit ihrem Namen in einen Hut werfen zu lassen, und jeder Teilnehmer würde dann den Namen der von ihm zu beschenkenden Person ziehen.

All diese Vorschriften und Reglements lassen jedoch eine gewisse Dramatik – die gewisse freudige Erwartung – und auch das Spielerische vermissen, das uns in den Tagen unserer Kindheit eigen war. Den Austausch von Weihnachtsgeschenken in der Form, wie sie bei *Playfair* zur Tradition geworden ist, haben wir von Carol Ann Fried gelernt. Was die zu schenkenden Gegenstände anbelangt, wurden alle Teilnehmer dazu angehalten, nach etwas zu suchen, das sie bereits in ihrem Besitz hatten, aber bereit waren, herzugeben, einen Gegenstand, über den sich jemand anderer vielleicht freuen würde. Die Teilnehmer verpackten diese „Recycling-Geschenke" so ansprechend wie möglich und brachten sie zur Geschenkebörse.

Versetzen wir uns nun in Weihnachtsstimmung, als ob der Geist des Weihnachtsfestes über uns gekommen wäre, und erleben wir den Geschenkaustausch aus nächster Nähe:

„Würden Sie sich bitte in einem großen Kreis aufstellen und Ihr mitgebrachtes Geschenk in die Mitte des Kreises legen", unterwies uns Carol Ann. „Ich werde dann diesen Briefumschlag, in dem Sie kleine Zettel mit den Nummern 1 bis 25 finden, reihum gehen lassen. Greifen Sie bitte in den Umschlag und ziehen Sie eine Nummer – in der Reihenfolge dieser Nummern dürfen Sie dann Ihr Geschenk auswählen.

Wer hat die Nummer 1? Carla. Okay, Carla, Sie sind als erste an der Reihe, suchen Sie sich also bitte gleich ein Geschenk aus, und packen Sie es aus!" (Carla stürzt sich auf ihr Geschenk und wickelt es aus. Ein kastanienbraunes Sweatshirt mit der Aufschrift „Strandgut" kommt zum Vorschein. Einen Moment lang schaut sie entsetzt, hält es sich dann aber mutig an, damit wir es alle sehen können, und kehrt an ihren Platz zurück.)

„Wer hat die Nummer 2? Okay, Louise, Sie haben zwei Möglichkeiten. Sie können sich entweder ein Geschenk aussuchen und es auspacken oder Carlas Geschenk nehmen; in diesem Fall kann sie sich ein anderes Geschenk aussuchen. Was möchten Sie gerne?" (Louise überlegt kurz und läßt ihren Blick von dem Sweatshirt zu den aufgetürmten Paketen und wieder zurück gleiten. Dann läuft sie mit einer jähen Bewegung in die Mitte des Kreises, um einen großen rechteckigen Karton zu nehmen. Sie reißt das Papier auf, und zum Vorschein kommt eine Aktenmappe mit einer Uhr in der Mitte.)

„Okay, wer kommt als nächster? Marlon, Sie haben die Nummer 3? Für Sie steht noch mehr zur Auswahl. Sie können sich entweder ein Paket aussuchen oder Carlas oder Louises Geschenk wählen; dann darf sich diejenige ein neues aussuchen." Marlon zögert keinen Augenblick. Er nimmt ein Paket, dessen Inhalt sich als Dampfbügeleisen erweist.)

„Wer ist der nächste? Sarah, Sie haben die Nummer 4. Was möchten Sie tun?" (Sarah nimmt freudestrahlend die Aktenmappe von Louise.) „Nun, Louise, die Regel lautet, daß Sie die Aktenmappe nicht gleich in dieser Runde wieder von Sarah

*zurückfordern können. Sollten Sie aber später noch einmal vor
der Wahl stehen, dann können Sie Ihre heißgeliebte Aktenmappe
sehr wohl wieder zurückbekommen. Also ... was soll es werden?"*
*(Louise äugt mißtrauisch zu Marlon und wählt dann sein
Dampfbügeleisen. Die Szene endet damit, daß Marlon vor Begeisterung, das Dampfbügeleisen losgeworden zu sein, im Kreis
herumtanzt, um dann mit aller Sorgfalt ein anderes Paket von
dem Geschenkeberg in der Mitte des Kreises auszuwählen ...)*

Sie werden bemerkt haben, daß bei unserer „Recycling-
Weihnachtsgeschenke-Börse" nichts sicher ist und die Spannung
ständig auf- und abebbt, da die begehrtesten Geschenke von einer
Person zur nächsten wandern. Das Schöne (und Aufregende) an
diesem Geschenkeaustausch ist, daß einem ein Geschenk, das
einem ganz und gar nicht gefällt, nicht bis in alle Ewigkeit erhalten bleiben muß. Der Trick dabei besteht darin, daß man andere
(durch vorgetäuschte Freude und Begeisterung) vom Wert seines
Geschenkes überzeugen muß, so daß es einem weggenommen
wird. (Natürlich wird man seine Freude über ein Geschenk, das
einem besonders gut gefällt, hinunterspielen, zumal man genau
weiß, daß es einem jederzeit abgeluchst werden kann.)

Nachdem ungefähr die Hälfte der Geschenke ausgepackt
worden ist und eine ganze Reihe Teilnehmer Geschenke erhalten
haben, die diese verzweifelt loswerden möchten, nimmt die
„Recycling-Weihnachtsgeschenke-Börse" von der Akustik her For-
men an wie ein Bazar in der Antike. Hier wie dort preisen die
„Kaufleute" die Vorzüge ihrer Waren lautstark dem nächsten
Spielteilnehmer an. „Amo, komm hierher, ich habe genau das,
was du möchtest! Nimm dies hier, denk nicht lange nach! Sieh
dir doch dieses wunderschöne Fondue-Set an – das perfekte
Hochzeitstagsgeschenk für deine Frau! Wie kannst du ohne dieses Fondue-Set weiterleben?"

Als ich dieses Spiel mit den *Playfair*-Mitarbeitern zum ersten
Mal spielte, saß ich neben *Playfair*-Trainer Andy Weisberg. Das

Geschenk, das Andy ausgepackt hatte, war ein oranger Keramik-dackel, in dessen Rücken sich ein Hohlraum für Cocktail-Würstchen befand. Von dem Augenblick an, als Andy das Geschenk ausgepackt hatte, versuchte er alles Erdenkliche, um den Würstchenhalter los-zuwerden. Er pries seinen Gewinn in russischem Akzent an, dann versuchte er es mit französischem und schließlich in jiddischem Akzent. „Sehen Sie sich doch diesen Rassehund an – das Geschenk schlechthin für Ihre Kinder. Eine Originalskulptur! Sucht jemand ein Kunstwerk? Ein Kunstwerk von unschätzbarem Wert! Hunde-liebhaber, aufgepaßt – ergänzen Sie Ihre wertvolle Sammlung an Hunde-Memorabilien!" Andy war ständig in Bewegung, hielt den Hund in die Höhe, ließ ihn tanzen und reden, ging nieder auf alle viere, um so einen Tausch zu erbetteln … gleichgültig, welchen.

Sie mögen sich vielleicht fragen, wofür man etwas der-maßen Häßliches verwenden könnte. Was könnte jemand wohl besitzen, um Andy diesen erbärmlichen Keramikdackel abzuneh-men? Auch ich stelle mir diese Frage oftmals, wenn ich über mei-nen Schreibtisch hinweg auf meinen Visitenkartenhalter in Form eines Keramikdackels starre.

47 | Gestalten Sie ganz persönliche Glückskekse

Wenn Sie in der Nähe einer großen Stadt wohnen, werden Sie sicherlich unschwer eine chinesische Backstube finden, die auf Bestellung Glückskekse mit von Ihnen persönlich gestalteten Glücksbriefchen bäckt.

Verfassen Sie ganz persönlich gehaltene Glücksbriefchen, die bestimmte Informationen über jene Personen enthalten, die

die Glückskekse essen werden. Servieren Sie Ihren ahnungslosen Mitarbeitern diese maßgeschneiderten Glückskekse in einer Kaffeepause während einer langen Besprechung oder als Nachtisch nach einem Essen. Diese Idee verträgt sich ganz bestimmt auch mit dem gespanntesten Firmenbudget: Die Kosten für 25 Stück von einer chinesischen Backstube in Oakland, Kalifornien, nach Wunsch gebackene Glückskekse belaufen sich zum Beispiel auf lediglich zwei Dollar!

Anläßlich eines gemeinsamen Abendessens der 25 *Playfair*-Mitarbeiter bestellten die Organisatoren einen Karton frischgebackener „Aktions-Glückskekse", wobei in jedes der Kekse die Aufforderung zu einer Handlung, die der Empfänger durchführen sollte, eingebacken war. In jedem dieser Kekse befand sich eine spezielle Aufforderung, die jeweils zwei Mitglieder der Gruppe betraf, und jede Handlung enthielt eine Information, der gemeinsame persönliche Erlebnisse oder unverkennbare Gewohnheiten oder Fertigkeiten zugrunde lagen. (Ein Glücksbriefchen lautete beispielsweise: „Bitten Sie Jerry, Ihnen beizubringen, wie man sich einen Löffel an die Nase hängt!" Durch diese Gabe hat es Jerry Ewen auf vielen Betriebsausflügen zu Berühmtheit gebracht.)

Jedes Mitglied der Gruppe nimmt wahllos ein Glückskeks aus einem reihum gereichten Korb. Anschließend bittet man alle Anwesenden, ihr Keks gleichzeitig zu öffnen. Als wir bei jenem *Playfair*-Abendessen unsere Glückskekse aufgebrochen hatten, herrschte einen Augenblick lang erstauntes Schweigen, das aber durch einen plötzlich einsetzenden Energieausbruch rasch ein Ende fand, als nämlich sämtliche Mitarbeiter zu dem in dem Glückskeks genannten Partner stürmten, der die beschriebene Aufgabe erfüllen konnte. Dieser rannte natürlich gleichzeitig los, um den in seinem eigenen Glückskeks enthaltenen Anweisungen zu folgen, was in der Gruppe ein einziges Chaos hervorrief (genau das war unsere Absicht!). Nachstehend finden Sie einen Auszug aus der Liste der „Aktions-Glückssprüche", die bei jener denkwürdigen Abendeinladung verwendet wurden:

- Lassen Sie sich von Charmaine die Geschichte ihrer unvergeßlichen Bahnreise erzählen.
- Lassen Sie sich von Mahara eine Afro-Funk-Bewegung beibringen.
- Finden Sie Miles' Lieblingsrezept heraus (er war früher Küchenchef).
- Lassen Sie sich von Carla einige ihrer geistigen Entspannungstechniken erklären.
- Krysta war früher Chefredakteurin der Zeitschrift *Marriage Magazine*. Holen Sie sich von ihr drei Vorschläge für ein romantisches Wochenende.
- Lassen Sie sich von Katie etwas über ihre Australienreise erzählen.
- Nennen Sie Matt einen Grund, warum Sie ihn als Führungspersönlichkeit in dieser Firma schätzen.
- Lassen Sie sich von Louise ein Lied vorsingen, das sie an Sie erinnert.
- Heißen Sie Jordan auf Ihre Art ganz besonders herzlich in der Firma willkommen.
- Bitten Sie Terry, Ihnen ihren Beitrag zu „Amerikas lustigste Heimvideos" vorzuführen.
- Bitten Sie Andy, Ihnen eine Kostprobe aus seiner beruflichen Vergangenheit als Pantomime zu geben.

Das beste an der Sache ist, daß Sie nach Abflauen des närrischen Treibens noch immer Ihr Glückskeks essen können.

48 **Stoßen Sie auf Ihren Erfolg an**

In der Weihnachtszeit ist es wohl unvermeidlich, daß irgend jemand im Büro ein Gläschen Eierlikör hebt und auf das Wohl des Unternehmens anstößt. Aber warum sollte man eigentlich auf die alljährliche Firmen-Weihnachtsfeier warten, um ein Glas auf den weiteren Erfolg seines Unternehmens zu heben? Sie können die für die Weihnachtszeit typische spendierfreudige Stimmung auf das ganze Jahr ausdehnen. Warum wählen Sie nicht einfach einige Monatstage nach dem Zufallsprinzip aus, um in der Gruppe zu feiern? Wie wäre es mit eigenen Firmen-Feiertagen? Bringen Sie mehrmals im Monat Sekt mit ins Büro, damit sich die Mitarbeiter Ihrer Abteilung an einem Freitagnachmittag zusammensetzen und ihre gemeinsamen Erfolge in aller Öffentlichkeit feiern können. Sollte Ihr Unternehmensreglement den Genuß von Rauschmitteln untersagen, so bestünde eine interessante antialkoholische Alternative darin, mit gespritztem Apfel- oder Traubensaft anzustoßen – nicht die Art des Getränks zählt, sondern auf den Vorgang des Anstoßens kommt es an!

 Verleihen Sie Ihren Weihnachtskarten eine persönliche Note

Sind Sie auf der Suche nach etwas anderen Firmen-Weihnachtskarten? Wenn Ihnen ein Farbfotokopierer zur Verfügung steht, können Sie eine originelle Karte aus Ihrer persönlichen Fotosammlung gestalten. Für die *Playfair*-Weihnachtsgrüße fotografierte *Playfair*-Vizekaiser Ritch Davidson einen Sack Tiefkühlerbsen auf einem Erdhaufen, das Schild des hiesigen *Goodwill Office* und zwei schraubenzieherähnliche Werkzeuge. Zum besseren Verständnis für unsere armen, vor den Kopf gestoßenen Kunden, die zweifelsohne ihre Schwierigkeiten haben würden, die Bedeutung dieser Botschaft zu begreifen, schrieb Ritch eine Übersetzung auf die Rückseite der Karte: „Peas on earth, goodwill two awl."*

50 | Tun Sie einfach öfter ein gutes Werk

Ich wollte gerade mit meinem Vortrag vor einer aus Managern und Gewerkschaftern der *Tennessee Valley Authority* bestehenden Gruppe über das Thema „Sorgen Sie für Spaß am Arbeitsplatz" beginnen, als ein Vertreter der Anlagenservice-Abteilung auf mich zukam und mich bat, der Gruppe eine Ankündigung vorzulesen, und zwar:

Sollten Sie in Ihrem Hotelzimmer irgendwelche ungeöffnete Packungen Seife, Shampoo, Lotion oder Mundwasser haben, die Sie für Obdachlose spenden wollen, so bringen Sie diese bitte zum Stand der Anlagenservice-Abteilung. Wir werden diese Packungen sammeln und an Obdachlose in dieser Gemeinde ausgeben. Bitte bringen Sie keine Handtücher, Betten, Lampen, Spiegel oder sonstige angeschraubte Gegenstände! Vielen Dank.

---

* Anm. d. Ü.: Wortwitz „Peace on earth, goodwill to all!" = Friede auf Erden und allen die besten Wünsche!

Hocherfreut las ich diese Ankündigung zu Beginn meines Vortrages laut vor, und sie wurde von der Gruppe auch mit anhaltendem Applaus aufgenommen. Ich erklärte der Gruppe, daß dies ein prächtiges Beispiel für das Konzept abgäbe, einfach öfter ein gutes Werk und etwas Schönes nur um der Schönheit willen zu tun.

Die *Playfair*-Mitarbeiter wandten dieses Konzept während des letzten Jahres gemeinsam mit Studenten in Colleges und Universitäten in ganz Nordamerika an. Auf Anregung der *Playfair*-Trainerin Carol Ann Fried und unter ihrer Leitung hatten *Playfair*-Mitarbeiter über die Praxis, gelegentlich ein gutes Werk zu tun, Vorträge an mehr als 300 Colleges und Universitäten gehalten. Gesponsert wurde die Aktion aus Mitteln der Programme für die Neuorientierung von Studenten. Wir erklärten den Studenten folgendes:

„Manchmal ist die reale Welt nicht so einladend und sicher wie Ihre College-Gemeinschaft. Wir sind uns alle darüber im klaren, daß es auf der Welt willkürliche Akte der Gewalt und sinnlose Grausamkeit gibt; einige unter uns haben dies am eigenen Leib erfahren.

Anne Herbert, eine Schriftstellerin aus Sausalito, Kalifornien, hat den Spieß umgedreht und versucht, die Leute unter dem Motto ,Tun Sie einfach öfter ein gutes Werk und etwas Schönes nur um der Schönheit willen‘ auf die gegenteilige Idee zu bringen. Das ganze begann als Untergrundbewegung und ist seit kurzem zur öffentlichen Idee geworden, die mit Hilfe von Autoaufklebern, Ansteckplaketten und Plakaten verbreitet wird. Die Idee hat wirklich etwas für sich. In dem Maße, wie Gewalt noch mehr Gewalt erzeugt, zieht ein gutes Werk weitere gute Taten nach sich.

Ein gutes Werk und etwas Schönes nur um der Schönheit willen kann man im großen wie im kleinen Rahmen tun. Oft geschieht es überhaupt gänzlich anonym. Gute Werke können in so einfachen Taten bestehen wie darin, daß man in der Warteschlange in der Selbstbedienungs-Cafeteria fünf Leute fünf anderen Leuten vorstellt oder daß man Blut spendet oder daß man im Schulgebäude auf dem Weg von einer Klasse zur anderen Abfall vom Boden aufhebt. Sie können auch in so großartigen Taten zum Ausdruck kommen, daß man beispielsweise mitten in der Nacht ein muffiges Klassenzimmer frisch ausmalt oder mit ein paar Freunden zusammen eine Kleidersammlung durchführt und die Sachen Obdachlosen zukommen läßt; eine Möglichkeit wäre auch, am Tag des Erntedankfestes alle Leute, die einem persönlich etwas bedeuten, anzurufen und ihnen zu sagen, warum man so dankbar dafür ist, daß sie im eigenen Leben eine Rolle spielen.

Ich werde Sie ganz persönlich und die zwölf Personen in Ihrer Gruppe gleich anschließend bitten, einfach öfter ein gutes Werk und etwas Schönes nur um der Schönheit willen zu tun. Ich werde Sie bitten, gemeinsam einen Plan für eine gute Tat zu fassen, den Sie als Gruppe innerhalb der nächsten sieben Tage ausführen können. Wenn Sie soweit sind, schicken Sie bitte einen Gruppensprecher auf das Podium, der uns etwas über Ihr Projekt erzählen wird. Als Denkanstoß gebe ich Ihnen noch ein paar Beispiele: Lassen Sie auf Ihren Pulten Zettel mit ‚Dankeschön' für die Schulwarte liegen; unterstützen Sie ein Kind aus der Dritten Welt; sammeln Sie Lebensmittel für die Lebensmittelausgabe; werfen Sie Münzen in abgelaufene Parkometer.“

Wenn man einer Gruppe von einander unbekannten Personen einen Schwerpunkt setzt, der sie dazu bringt, Freundlichkeit an den Tag zu legen, so fördert dies erwiesenermaßen das Aufkommen von Gemeinschaftssinn und Identifikation mit der Gruppe. Die Studienanfänger kommen diesem Aufruf zum gemeinsamen Handeln immer begeistert nach, wobei einige dieser im Rahmen des *Playfair*-Programms gebildeten Kerngruppen sich sogar nachher noch treffen, um allwöchentlich Hilfsdienste zu leisten. Nachstehend sind einige Beispiele für gute Werke angeführt, die College-Studenten im ersten Studienjahr durchgeführt haben:

- den Bewohnern des Seniorenheims ein Abendständchen bringen,
- sich in der Cafeteria an den Tisch einer Person, die dort allein ißt, setzen und ein Gespräch mit ihr beginnen,
- mit einer Polaroidkamera herumgehen, Fotos von befreundeten Personen aufnehmen und ihnen diese Fotos schenken,
- jemandem, der im Lebensmittelladen hinter einem angestellt ist, den Vortritt lassen,
- auf dem Parkplatz des Colleges oder der Universität jemandem gratis das Auto waschen,
- die Nummer eines öffentlichen Telefons notieren, dort anrufen und, sobald ein Passant abhebt, ihm einen schönen Tag wünschen,
- den Eigentümern eines Gartens, an dem man auf dem Weg zum College vorbeikommt, eine Nachricht hinterlassen, auf der geschrieben steht, wieviel Freude einem der Anblick des Gartens bereitet,
- eine Mahlzeit bereiten, die man Obdachlosen in der Umgebung seines Wohnortes bringen kann,
- dem Mann, der 18 streunende Katzen aufgenommen hat, eine Woche lang bei deren Versorgung helfen,
- im Rahmen einer Gruppe freiwilliger Helfer in einem Frauenhaus Dienst machen.

„Gute-Werke"-Gruppen können einmal oder über einen langen Zeitraum hinweg immer wieder zusammenkommen. In der *Capistrano Valley Church of Religious Science* in Orange County, Kalifornien, hat die sogenannte „Hipp-Hipp-Hurra-Schwadron", eine unter der Leitung ihres Gründers Bruce Snyder stehende Gruppe von acht Freiwilligen, das Konzept, einfach öfter ein gutes Werk zu tun, so abgewandelt, daß sie immer wieder Dankes- und Anerkennungsfeiern inszeniert. Die HHH-Schwadron verschwindet bei großen Gruppenveranstaltungen still und leise, um sodann in knallbunten Sweatshirts und unter allerlei

Getöse wiederzukommen und die allgemeine Aufmerksamkeit auf ahnungslose Personen, denen Anerkennung gebührt, zu lenken. Diese Guerilla-Lobesschwadron liest dann eine besondere Dankes-rede vor, singt ein Lied und stimmt zu Ehren der erstaunten Person, die es zu feiern gilt, ein allgemeines „Hipp Hipp Hurra!" an, bis das gesamte Publikum in den Chor einfällt.

Lassen Sie andere an Ihren Privilegien teilhaben

Privilegien sind eine unumstößliche Tatsache im Alltag eines Unternehmens: das Büro im Eckzimmer, der Teppich, der Extra-Speiseraum für Führungskräfte. Privilegien können sowohl als Motivation und Ansporn zu erstklassigem Arbeitseinsatz wie auch als Belohnung für eine gute Leistung dienen. Privilegien können aber auch eine beständige schmerzliche Erinnerung daran sein, daß zwischen „Besitzenden" und „Habenichtsen" innerhalb eines Unternehmens eine scharfe Grenze verläuft.

Martin Belanoski ist Vorstandsvorsitzender der Firma *Metropolitan Hardware* in Easton, Connecticut. Auf einer Ge-schäftsreise zu einer Fachverbandstagung in Orlando war für Martin ein Platz in der ersten Klasse gebucht, während sein Verkaufsdirektor im gleichen Flugzeug in der Touristenklasse saß. Bedingt durch dieses Arrangement fühlte sich Martin mit zunehmender Flugdauer immer unbehaglicher. Er wußte, daß dies keine persönliche Angelegenheit war – schließlich war er der Vorstandsvorsitzende des Unternehmens und reiste immer erster Klasse. Dieser Gedanke nahm ihm jedoch nichts von seinem Unbehagen. Also ging Martin in den hinteren Teil des Flugzeugs zurück, um sich mit seinem Verkaufsdirektor eine Weile zu unterhalten und dann wiederum an seinen Platz in der ersten Klasse zurückzukehren.

Gab es nicht irgend etwas, womit er sein eigenes Unbehagen und, wie er sich vorstellte, das Unbehagen, das sein Verkaufsdirektor wohl empfinden mußte, aus der Welt schaffen konnte? Ihm war bewußt, daß ein Gespräch über dieses Arrangement allenfalls in einer peinlichen Situation für beide enden würde – ihr Rangunterschied war schlicht und einfach ein Faktum in ihrem Firmendasein. Kurz vor der Landung kam ihm jedoch eine Idee. Er organisierte sich bei der für die erste Klasse zuständigen Flugbegleiterin eine Flasche Champagner und einen Blumenstrauß und nahm beides mit von Bord. Dann stellte er sich zu der Schar von Leuten, die auf ihre Freunde aus dieser Maschine warteten, und tat, als ob er dazugehöre. Als sein Verkaufsdirektor aus dem Flugzeug stieg, winkte er ihm heftig zu, rief begeistert „Willkommen in Orlando!" und überreichte ihm die Blumen und den Champagner. Der Umstand, daß er seinen Verkaufsdirektor an seinen Privilegien teilhaben ließ und den zwischen ihnen herrschenden Rangunterschied bagatellisierte, versetzte ihn in die Lage, sein Unbehagen augenblicklich abzuschütteln. Vergnügt stiegen die beiden in das gleiche Taxi, das sie ins Hotel bringen sollte, und später am gleichen Abend leerten sie auch die Flasche Champagner gemeinsam.

Firmenprivilegien mögen eine im Leben fest verankerte Tatsache sein – warum allerdings sollte man nicht so manchen neuen Weg finden, andere daran teilhaben zu lassen? Wie wäre es damit, eines Tages einen Mitarbeiter mit der Firmenlimousine zur Arbeit und wieder nach Hause bringen zu lassen? Ich denke dabei nicht unbedingt an einen Manager, sondern einfach an einen Angestellten, der eine unglaublich gute Leistung erbracht hat oder über den „Dienst nach Vorschrift" hinaus bis spät in die Nacht hinein an einem wichtigen Projekt gearbeitet hat. (Sie können für diesen Tag auch eine Limousine mieten, falls Ihre

Firma keine eigene besitzt.) Wenn es die Mittel zulassen, könnte der gelegentliche Limousinendienst in Ihrem Unternehmen zur allmonatlichen Tradition werden. Die glücklichen Pendler könnten übrigens jeden Monat im Rahmen einer öffentlichen Zeremonie durch das Los ermittelt werden.

52 | Legen Sie sich Reiserituale zurecht

Geschäftsreisen über längere Zeiträume hinweg können sich auf die Beziehungen zu Ihrer Familie und zu Ihren Freunden belastend auswirken. Sie werden mehr Spaß daran finden und Ihre Angehörigen werden diese Reisen emotional besser verkraften können, wenn Sie sich zusammen mit Ihrem Partner oder Ihrer Partnerin diverse Rituale und Feiern für Ihre Abreise und Rückkunft zurechtlegen. Dies kann dazu beitragen, die Zeit Ihrer Trennung um einiges vergnüglicher zu gestalten.

Wie kann man einer Person, die auf der Suche nach ihren Autoschlüsseln hysterisch durch das Haus läuft (weil sie für die Fahrt zum Flughafen bereits zehn Minuten zu spät dran ist), klarmachen, daß Geschäftsreisen nicht immer mit Streß verbunden sein müssen? Wie kann man mit seinem Ehepartner in Verbindung bleiben, wenn er von zu Hause fort ist? Als der *Playfair*-Mitarbeiter Andy Mozenter zu einer anstrengenden dreiwöchigen Tour aufbrach, schrieb ihm seine Frau Shannon für jeden Tag, den er unterwegs war, einen neuen Liebesbrief. Jeden Abend konnte Andy in einem fremden Hotelzimmer in einer ihm unbekannten Stadt einen neuen Liebesbrief von seiner Frau öffnen und kurz vor dem Einschlafen lesen.

Der Tag, an dem der eigene Partner auf Geschäftsreise fährt, ist der perfekte Zeitpunkt, ihm ein paar erfreuliche Denkanstöße zu geben, daß er auf der Reise auch Spaß haben (und an einen denken) sollte. Sobald er oder sie die Sachen gepackt hat, öffnen Sie den Koffer heimlich wieder und füllen Bonbonherzen in Socken oder Strümpfe. Stecken Sie Liebesbriefchen in die Unterwäsche und ein Foto von Ihnen beiden in die Jackentasche. Schreiben Sie eine sehr persönliche Haftnotiz und kleben Sie sie in den Terminkalender über die Eintragungen des nächsten Tages. Suchen Sie den Text der wichtigen Rede, an der ihr Partner bis spät in die Nacht hinein gearbeitet hat, schreiben Sie einen leidenschaftlichen Liebesbrief und legen Sie diesen gleich nach der Seite 3 in den Vortragstext. Mit etwas Glück wird Ihr Partner ihn erst während seines Vortrages entdecken. Und wenn Sie ganz besonderes Glück haben, wird er sich, wenn er das nächste Mal auf Reisen geht, dadurch revanchieren, daß er Ihnen in der ganzen Wohnung Briefchen hinterläßt – unter dem Kopfkissen, im Mikrowellenherd und auf dem Deckel Ihres Joghurtbechers.

So wichtig es ist, mit seinem auf Reisen befindlichen Ehepartner in Verbindung zu bleiben, so wichtig ist es auch, ihn bei seiner Rückkehr auf humorvolle Weise willkommen zu heißen. Wenn ich meine Frau Geneen vom Flughafen abhole, trage ich für meinen Teil gern meinen Wikingerhelm, meinen Tut-Ench-Amun-Kopfputz oder meine Riesen-Sicherheitsnadel, die aussieht, als ob sie im Kopf stecken würde. Auf diese Weise kann sie mich in einer Menschenmenge sofort erkennen. Der Schuß geht nur dann nach hinten los, wenn ihr Flugzeug Verspätung hat und ich eine Stunde länger warten muß.

Als sich Luke Barbers Frau Lee auf einer ausgedehnten Geschäftsreise befand, bemerkte Luke, daß sie genau am Valentinstag zurückkommen würde. Also rief Luke bei allen Blumenläden in Dallas an und fragte, was mit den Rosen, die zu alt waren, um sie für Blumensträuße zu verwenden, geschähe. Von vielen Blumenläden erhielt Luke die Auskunft, er könne so viele alten Rosen, wie er nur tragen könne, gratis bekommen; mit anderen Ladeninhabern vereinbarte er, daß er die übriggebliebenen Blumen um 50 Cents das Dutzend erwerben könne. Bis zum Valentinstag hatte Luke über 1200 Rosen beisammen.

Luke zupfte von allen Rosen die Blütenblätter ab und bewahrte diese in einem großen Müllsack in seinem Kühlschrank auf. Als der große Tag gekommen war, breitete Luke ein Seidenlaken über das Ehebett und legte darauf ein Riesenherz aus Rosenblüten aus. Dann kaufte er 50 Kerzen und verteilte diese im ganzen Schlafzimmer. Das Tüpfelchen auf dem i war ein mit Rosenblüten ausgelegter Weg, der von der Eingangstür bis ins Schlafzimmer führte.

Es bedarf wohl keiner gesonderten Erwähnung, daß Lee restlos verzückt war, als sie diese außergewöhnliche Valentinsbescherung entdeckte.

Die einzige Schwierigkeit bei einem solchen Unternehmen besteht allerdings darin, daß man sich wirklich überlegen muß, was man sich das nächste Mal einfallen läßt. Kurz vor dem Valentinstag des darauffolgenden Jahres hörte Luke zufällig, wie Lee jemandem am Telefon die Geschichte mit den Rosenblüten erzählte. Er hörte, wie sie ihre Geschichte mit den Worten schloß: „Ich bin sehr gespannt, was er sich in diesem Jahr einfallen lassen wird!"

„Tagelang hatte ich keine Ahnung, wie ich das Vorjahr übertrumpfen sollte", erinnert sich Luke. „Bald verließ mich der Mut. Ich wußte, daß nichts einem Vergleich mit meinem Vorjahresgeschenk standhalten würde. Also versuchte ich es nicht einmal, sondern kaufte ein Dutzend roter Rosen und schrieb folgendes Billet dazu: ,Den diesjährigen Valentinstag würde ich gern in der Weise begehen, daß wir den Abend zusammen verbringen und das letzte Jahr Revue passieren lassen.' Genau das taten wir auch, und wir hatten riesigen Spaß dabei. Beim Abendessen in unserem Lieblingsrestaurant erzählte ich noch einmal die Geschichte, wie ich den letzten Valentinstag geplant und durchgezogen hatte. Die Erinnerung daran bereitete uns ebensoviel Freude wie das Ereignis selbst. Ich glaube, daß solche gelegentlichen außergewöhnlichen Inszenierungen deshalb als so großartig empfunden werden, weil sie so lang in der Erinnerung weiterleben, bei jedem Wiedererzählen an Bedeutung gewinnen und so noch mehr Freude bereiten."

KAPITEL 8

Spaß in schwierigen Zeiten

Das Eis wird gebrochen

Eines der Kerngeschäfte der *Playfair*-Organisation ist eine interaktive Teambildungs-Veranstaltung für über 300 Colleges und Universitäten in den Vereinigten Staaten und Kanada. Die Veranstaltung läuft unter dem Titel „Der endgültige Eisbrecher" und umfaßt ein Programm, das Studienanfängern die Angst vor dem Leben in einer fremden, neuen Umgebung nehmen und ihnen Gemeinschaftssinn nahebringen soll.

Wir verkaufen dieses Programm mit einem einzigen, sehr einfachen Argument. Wir bitten unsere zukünftigen Kunden, sich die Frage zu überlegen, warum so viele Studienanfänger bereits im ersten Studienjahr aufgeben. Der Grund hiefür ist nicht darin zu suchen, daß der Unterricht nicht gut genug oder die Professoren nicht gescheit genug wären. Der Grund liegt vielmehr darin, daß sich viele Studienanfänger in sozialer Hinsicht unbehaglich fühlen, weil sie den Eindruck haben, nicht dazuzugehören. Für viele Studienanfänger bedeutet die College-Zeit, das erste Mal von zu Hause fort zu sein; für viele andere heißt es, nach Jahren im Beruf erstmals wieder die Schulbank zu drücken. Das Programm „Der endgültige Eisbrecher" zielt darauf ab, Themen und Ängste, die die Studenten bewegen, in einer positiven, nicht bedrohlich wirkenden Gesprächsrunde aufzugreifen. Dieses Programm vermittelt den Studienanfängern ein Gefühl der Zugehörigkeit zur Schule und läßt sie optimistisch in die Zukunft blicken.

Im Herbst reisen alljährlich 20 *Playfair*-Vortragende kreuz und quer durch Nordamerika, um das Programm „Der endgültige Eisbrecher" im ungefähr gleichen Zeitraum an 300 verschiedenen Colleges und Universitäten zu präsentieren. Ich selbst fahre währenddessen von College zu College und Universität zu Universität und coache so viele Veranstaltungen wie möglich. Manchmal komme ich mir vor wie Bill Murray in dem Film „Und täglich grüßt das Murmeltier": Jeden Tag wache ich in einer anderen Stadt auf, aber immer am ersten Schultag. Überall herrscht das gleiche emsige Treiben, wenn die neuen Studenten ankommen. Manchmal kommen sie allein; häufiger jedoch erhalten sie von ihren Eltern Geleitschutz. Gemeinsam ist ihnen allen, daß sie sich zielstrebig im Strom der Menge bewegen, zwischen den Studentenquartieren und den Parkplätzen hin und her und wieder zurück zu ihren Wagen. Sie laden ihre randvoll bepackten Autos aus und übersiedeln in ihr neues Leben.

Nachdem ich wieder einmal innerhalb einer aktionsgeladenen Woche acht Programme in sechs verschiedenen Städten gecoacht hatte, reiste ich wie benommen durch das Land. Aber gerade an dem Nachmittag, als ich Miles Valentino bei der Präsentation des *Playfair*-Programms in der *Western Connecticut State University* in Danbury, Connecticut, beobachtete, fühlte ich mich schlagartig zu neuem Leben erwacht. Es war ein schöner sonniger Herbsttag, und Miles' Vortrag war brillant. Er verwickelte die Studenten in Gespräche miteinander, ließ sie zusammen lachen und einander Mut zusprechen.

Miles erklärte den Studenten in mitreißender Weise, wie wichtig es sei, in einer multikulturellen Gemeinschaft zu leben. „Wenn Sie so in die Runde sehen, wird Ihnen auffallen, daß es eine Menge Leute gibt, die ganz anders sind als Sie", sagte er ihnen. „Allerdings sollte Ihnen nur ein einziger Unterschied zu denken geben, nämlich der, den Sie im Leben der anderen im

Laufe der nächsten vier Jahre bewirken werden!" Die Studenten stimmten ihm begeistert zu.

Nach Beendigung des Programms ging ich voll des Lobes über die Art und Weise, wie er seinen Auftritt absolviert hatte, zu Miles hinüber, und wir brachten eine halbe Stunde damit zu, seine Präsentation noch einmal durchzugehen und Feinheiten zu besprechen. Den Rest des Nachmittags genossen wir die Campus-Atmosphäre, spazierten zusammen herum und sprachen über persönliche Dinge. Als die Dämmerung einfiel, trennten wir uns, um jeder unseren nächsten Zielort, das nächste College oder die nächste Universität, anzusteuern, die Hunderte von Meilen voneinander entfernt waren. Beim Wegfahren kreisten meine Gedanken um die ehrliche Begeisterung, mit der die Studenten Miles aufgenommen hatten, und die Tatsache, ihn im Team zu haben, erfüllte mich mit großem Stolz.

Am nächsten Tag sollte Miles nach Philadelphia fliegen und dann in eine andere Maschine umsteigen, die ihn zu seinem nächsten College in der Nähe von Atlantic City bringen sollte. Zu Miles' nächstem Programm sollte es jedoch nicht kommen. Er flog, wie geplant, bis Philadelphia, rief das betreffende College an, um mitzuteilen, daß er nicht kommen würde, und nahm den nächsten Direktflug nach Los Angeles, wo er zu Hause war. Bestürzt über die Absage des Programms rief das College in unserem New Yorker Büro an. Während der nächsten acht Stunden versuchten wir verzweifelt, herauszubekommen, was mit Miles geschehen war.

Als mich Miles schließlich von seiner Wohnung in Los Angeles aus anrief, tat ihm alles sehr leid. Er erklärte mir, er könne es verstehen, wenn ich ihn feuern wollte. Ich versicherte ihm wiederholt, daß dies das Letzte wäre, was mir in den Sinn käme, und daß ich mir über sein Befinden mehr Sorgen als über alles andere machte. Ich erklärte ihm, daß wir uns alle Sorgen über ihn gemacht hätten, als er plötzlich vom Flughafen Philadelphia verschwunden war.

Schleppend erzählte mir Miles, daß er vor Wochen auf seinem ersten Flug im Rahmen der Tour in einem kleinen Flugzeug gesessen hatte, das von einem größeren beinahe gestreift worden war. Dieses Erlebnis hatte ihm einen gewaltigen Schrecken eingejagt, und im Laufe der darauffolgenden Wochen hatte er immer größere Flugangst bekommen. Auf dem Flug von Hartford nach Philadelphia hatte er einen Großteil der Zeit auf dem WC zugebracht und gegen seine zunehmend stärker werdenden Angstzustände angekämpft. Nachdem sein Flugzeug in Philadelphia gelandet war und er entdeckt hatte, daß sein Anschlußflug wiederum in einem kleinen Flugzeug geführt wurde, geriet er in Panik. Er war mit seinen Nerven am Ende. Also ging er schnurstracks zum Ticketschalter und kaufte ein Ticket für den erstbesten Flug nach Hause an die Westküste.

Der Flug nach Los Angeles ging zehn Minuten später ab, was bedeutete, daß er wohl Zeit fand, den Kunden anzurufen, um abzusagen, nicht jedoch, um auch im *Playfair*-Büro seine Situation zu erklären. Da der Kunde von Miles' Nichterscheinen bereits wußte, bevor dies im *Playfair*-Büro bekannt war, stornierte die Schule das Programm, ohne uns die Chance zu geben, einen Ersatzvortragenden zu entsenden. Dieser Umstand machte Miles schwer zu schaffen.

„Aber, Miles", sagte ich zu ihm, „eines verstehe ich nicht. Wir haben den ganzen Nachmittag vorher zusammen verbracht, und Sie haben mir gegenüber mit keinem Wort Ihre Flugangst erwähnt. Ich hätte eine ganze Menge tun können, um Ihnen aus der Patsche zu helfen. Ich hätte Ihnen den Tag freigeben und das Programm jemanden anderen abhalten lassen können. Ich hätte ein Auto für Sie mieten können, damit Sie nicht fliegen müssen. Ich hätte für Sie in irgendeiner Form eine Beratung organisieren können. Ich hätte dafür sorgen können, daß Sie nie wieder in kleinen Flugzeugen fliegen müssen. Warum haben Sie mir nichts davon erzählt?"

Miles' Antwort kam für mich völlig überraschend. „Wenn es jemand anderer als Sie gewesen wäre, hätte ich darüber gesprochen", meinte er. „Sie sind schließlich der Boß. Zu Ihnen kann ich so etwas nicht sagen. Vor dem Boß muß man gut dastehen."

Der Boß und seine isolierte Stellung

Miles' Aussage war für mich niederschmetternd. Ich hatte mir so sehr gewünscht, mit den *Playfair*-Trainern eine andere Art von Beziehung aufzubauen, als es der traditionellen Arbeitgeber-Arbeitnehmer-Beziehung entspricht. Die *Playfair*-Trainer wußten, daß sie mir etwas bedeuteten, und ich wußte, daß auch ich ihnen etwas bedeutete. Als es jedoch darauf ankam, war kein Unterschied zu bemerken. Ich war immer noch „der Boß". Soviel zu meiner ‚großen Vision' von Teambildung.

Ich war niedergeschlagen. „Warum tue ich mir das überhaupt an, daß ich auf Tour gehe und die Leute coache?" fragte ich meine Frau Geneen. „Ich verschwende nur meine Zeit. Was kommt schon dabei heraus, wenn ich Miles beizubringen versuche, wie man das Programm besser präsentiert, wenn er mir in wichtigen emotionalen Belangen nicht einmal die Wahrheit sagt? Offenbar war es ihm gleichgültig, ob ich dort war oder nicht. Ich bin zu ihm gekommen, als er sich in einer Krise befand, und er hat mir kein Sterbenswörtchen davon erzählt. Für Miles wäre es wahrscheinlich besser gewesen, wenn ich an dem Tag überhaupt nicht gekommen wäre, um ihn zu coachen. Ich weiß genau, daß es zumindest für mich besser gewesen wäre."

„Das stimmt nicht", meinte sie mitfühlend. „Kannst du dir die Vorwürfe vorstellen, die du dir machen würdest, wenn du beschlossen hättest, nicht hinzufahren, und Miles hätte dann genau den Tag darauf einen Zusammenbruch gehabt? Du würdest dir die Schuld zuschreiben, weil du nicht hingefahren bist und ihm Rückhalt gegeben hast. Ich weiß, daß du über das, was vorgefallen ist, enttäuscht bist, aber so hast du wenigstens die Wahrheit erfahren. Auf diese Weise kannst du aus der Erfahrung wenigstens etwas lernen.“

„Was lernen?“ fragte ich sie bitter.

„Das sollst du mir sagen“, meinte sie sanft.

Ich schüttelte den Kopf, um so auszudrücken, daß ich eben keine Antwort darauf wußte. „Vielleicht kann ich daraus lernen, daß ich im falschen Gewerbe arbeite“, antwortete ich mit säuerlicher Miene. „Vielleicht lerne ich daraus, daß ich nicht weiß, was ich tue.“

„Vielleicht lernst du daraus, wie man die Sache andersherum anpackt, damit so etwas nicht mehr passieren kann“, bot sie mir an.

Wieder schüttelte ich verneinend den Kopf.

Die Leiden des Managers

Mein Freund Joel Goodman erzählte mir einmal eine Geschichte, die ich erst nach dem Vorfall mit Miles begriff. Ein Sportreporter hatte Casey Stengel, einen der erfolgreichsten Baseball-Manager aller Zeiten, einmal gefragt, welches Geheimnis sich denn hinter einem erstklassigen Manager verberge. Stengel soll geantwortet haben: „Das Geheimnis eines erstklassigen Managers besteht darin, die fünf Burschen, die ihn um alles in der Welt nicht leiden können, von jenen fernzuhalten, die noch unentschlossen sind.“

Mir wurde klar, warum mich diese Geschichte um Casey Stengel immer zum Lachen brachte, auch wenn dies eher ein nervöses Lachen war. Mir wurde ferner klar, daß mich der Umstand, daß ich der Führer war und damit die letztgültige Entscheidungsmacht innehatte, von allen anderen *Playfair*-Leuten immer unterscheiden würde – und wenn ich mich auch noch so sehr bemühte, aus mir einen gleichwertigen Spieler innerhalb der Organisation zu machen. In gewisser Hinsicht, und zwar in bedeutenden und grundlegenden Dingen, würde ich immer von der übrigen Gruppe isoliert dastehen.

Trotz bester Absichten wird es unweigerlich Leute geben, die mit von mir getroffenen Entscheidungen nicht einverstanden sein werden oder sich über mich ärgern werden. Selbst unter besten Voraussetzungen würden einige meiner Handlungen die Playfair-Trainer wahrscheinlich an andere Vorgesetzte, für die sie früher einmal gearbeitet hatten, erinnern. Ein Teil ihres Grolls gegen Personen in mit Autorität verbundenen Positionen würde sich unbewußt gegen mich richten. Da ich wußte, daß unsere Beziehung niemals schrecklich sein würde, konnte ich auch nicht erwarten, daß sie in einer gegenseitigen Liebesbeziehung enden würde.

Die Vorstellung, Miles – oder ein beliebiger anderer Mitarbeiter – würde sich mir anvertrauen oder mich in schwierigen Zeiten um Hilfe bitten, war unrealistisch. Zu sehr fürchteten sie, in meinen Augen nicht gut dazustehen. Was mich allerdings so frustrierte, war die Tatsache, daß dieser Angst jeder Realitätsbezug fehlte, daß man von einem stereotypen Image eines „Bosses" ausging, das einfach nicht den Gegebenheiten entsprach. Wenn sie nur einen Augenblick lang nachdachten, würden sie dahinterkommen, daß ich keineswegs Vollkommenheit von ihnen erwartete. Sie würden merken, daß die gemeinsame Bewältigung mühsamer oder schwieriger Situationen uns enger zusammenschweißen und nicht weiter voneinander entfernen würde.

Wie konnte ich nun eine Änderung herbeiführen? Der erste Schritt bestand meiner Ansicht nach darin, das Problem an die Öffentlichkeit zu tragen. Miles' Reaktion mir als „Boß" gegenüber war eben einfach eine Reaktion – und in absolut keiner Weise eine überlegte Handlung. Wenn ich den *Playfair*-Mitarbeitern dabei helfen könnte, die Reaktionsphase zu umgehen, und ihnen beibringen könnte, über ihre Beziehung zu mir *nachzudenken,* würde ihre Antwort, und dessen war ich mir sicher, gewiß anders ausfallen.

Mein Traum, einen ausgeprägten Gemeinschaftssinn unter den *Playfair*-Mitarbeitern zu entwickeln, hat mir bei der Führung des Unternehmens seit jeher als Leitbild gedient. Wenn für dieses Problem eine Lösung gefunden werden konnte, so mußten wir diese gemeinsam finden, als Gemeinschaft. Wären wir wirklich ein Team, so hätte sich Miles bedenkenlos an andere Mitglieder der Gruppe wenden können. Aber auch das war nicht geschehen.

Schlagartig wurde mir klar, daß dies ein viel wesentlicherer Faktor als die Beziehung zwischen Miles und mir war. Dies war etwas, das alle *Playfair*-Mitarbeiter anging. Hier ging es darum, gemeinsam die nächsthöhere Ebene einer Gemeinschaft zu erklimmen.

Die nächsthöhere Ebene einer Gemeinschaft

Gleich anläßlich der nächsten *Playfair*-Klausur fragte ich Miles, ob er bereit wäre, der ganzen Gruppe vom Podium aus seine Geschichte zu erzählen. Ich erklärte ihm, ich würde unmittelbar neben ihm stehen, worauf er, wenn auch etwas zögerlich, zustimmte. Als der Augenblick gekommen war, standen wir nebeneinander vor der Gruppe und hatten jeweils den Arm um die Schulter des anderen gelegt. Miles' Aufrichtigkeit und Offenheit, mit der er über seine von Flug zu Flug zunehmende Angst sprach, verbreitete Stille im Raum. Als Miles uns kundtat, wieviel wir ihm alle bedeuteten und daß er uns keineswegs im Stich lassen wollte, rührte die Gruppe zu Tränen.

Ich erklärte der Gruppe, daß mir in der Zwischenzeit klargeworden sei, daß diese Geschichte nicht Miles allein beträfe. Sie hätte jedem von uns passieren können. Miles war nur der erste von uns, der den von seinem Job ausgehenden Druck so intensiv zu spüren bekommen hatte. „Wir geben gerne vor, in einem Traumberuf zu arbeiten", meinte ich zu ihnen. „Auch unsere Gespräche kreisen ständig um die schillernden, die vergnüglichen

Seiten unseres Berufs. Wir nehmen uns jedoch nicht die Zeit, über die schwierigen Facetten, die streßbeladenen Seiten dieses Berufs zu reden. Sie stehen jeden Tag zwei Stunden lang auf dem Podium, das ist ein großartiges Gefühl. Und manchmal, wenn das Programm wirklich gut läuft, kommen die Studenten zu Ihnen hinauf, um Ihnen zu sagen, daß Ihre Rede sie wirklich bewegt hat, daß sie ihr Leben jetzt von einer anderen Warte aus betrachten.

Natürlich fühlt man sich großartig – zwei Stunden lang. Wie steht es jedoch mit den verbleibenden 22 Stunden des Tages? Wenn man den ganzen Tag unterwegs ist? Wenn man den lieben langen Tag belanglose Gespräche mit gänzlich fremden Leuten führt? Wenn man Nacht für Nacht in fremden Städten in fremden Zimmern und in fremden Betten schlafen muß? Wenn ständig Hunderte oder Tausende von Leuten an Ihren Lippen hängen? Wir stehen in unserem Job unter großem Druck und geben vor, alles sei Spaß und Spiel. Was Miles passiert ist, könnte jedem von uns passieren. Und das *wird* es auch, wenn wir nicht besser darauf achten, welch großem Druck wir ausgesetzt sind."

Ich wage zu behaupten, daß ich die richtige Saite angeschlagen hatte, denn die Gruppe hörte mir mit gespannter Aufmerksamkeit zu. „Eines erfüllt mich mit großem Stolz, nämlich die Tatsache, daß wir eine Organisation geschaffen haben, in der jeder Job Kreativität verlangt und eine Herausforderung darstellt. Ich glaube nicht, daß jemand behaupten kann, sein Job langweile ihn. Aber wie bei allem und jedem muß man auch hier Abstriche machen. Ein Beruf, der ständig Kreativität verlangt und einen persönlich fordert, hat unter anderem zur Folge, daß es keine Sicherheit gibt, kein Patentrezept dafür, daß es, weil es gestern gut gelaufen ist, heute ebenso gut laufen muß.

Die Dinge um uns herum ändern sich ständig und unaufhaltsam. Jeden Tag stehen Sie vor ein paar hundert, immer wieder anderen Leuten, die haltsuchend zu Ihnen aufblicken. Dies bedeutet, daß Sie Tag für Tag improvisieren müssen, daß Sie keine Zeit haben, in Ruhe zu überlegen, daß Sie rasch auf die Bedürfnisse der jeweiligen Gruppe eingehen müssen. Das kann Ihnen schon einiges abverlangen.

Dieser Spannungszustand, diese Art der Herausforderung ist wunderbar; jedoch kann sich der ständige Druck auch negativ auf Ihre Gesundheit auswirken, wenn Sie es zulassen. Dieser Job kann Sie völlig verzehren, wenn Sie nicht auf sich aufpassen – darüber haben wir eigentlich nie gesprochen."

Rückhalt wird organisiert

Bevor ich noch über die Anspannungen unseres Berufs sprechen konnte, sprang Fran Solomon auf und meinte: „Darüber denke ich schon lange nach. Unser Körper ist nicht für ein solches Leben geschaffen, in dem man ständig zwischen verschiedenen Zeitzonen pendelt. Ich merke einen großen Unterschied zwischen dem, wie ich mich zu Hause fühle, und dem Zustand, in dem ich mich befinde, wenn ich unterwegs bin. Unsere Berufssparte ist mit großem Streß verbunden, und der macht sich bei mir zweifelsohne bemerkbar.

Ich habe einen Vorschlag. Überlegen wir uns, wie wir uns, wenn wir unterwegs sind, gegenseitig unterstützen können, und reden wir darüber, wie wir dazu beitragen können, aufeinander besser aufzupassen. Vielleicht sollten wir damit beginnen, einander Dinge zu erzählen, die wir für uns selbst tun, wenn wir auf Achse sind."

Fran erzählte uns, sie würde Adressenaufkleber von allen Hotels, in denen sie übernachtete, vorbereiten und wahllos an ihre diversen Freunde verteilen. Wohin sie dann auch kam, würden Päckchen mit Keksen, Süßigkeiten und Stofftieren oder Briefe, in denen ihr die Leute, die zu Hause geblieben waren, Mut zusprachen, für ihre Ankunft bereitgehalten werden. Eine Reihe anderer *Playfair*-Mitarbeiter nahm diesen Vorschlag begeistert auf und versuchte, ihn mit ihren Freunden und Familienangehörigen umzusetzen.

Wieder zurück in der *Playfair*-Zentrale, hatten Nikki Jordan und Charmaine Silverstein inzwischen die Idee mit den Überraschungspäckchen aufgegriffen. Sie machten eine Einkaufstour durch eine Reihe von Spielwarenläden und verschickten Geschenkpäckchen mit Scherzartikeln und lustige Karten an ihre „Straßenkämpfer".

Terry Sand, eine in Kalifornien stationierte Trainerin, hat einen Freund namens Andy Mechalecha. Alle bei *Playfair* wissen, daß Terry den Klang dieses Namens gern mag. Terry erzählte der Gruppe, daß sie hin und wieder, wenn sie mehr als eine Stunde Zwischenaufenthalt auf einem Flughafen habe, ihren Freund Andy ausrufen lasse, so daß sie die Durchsage *„Gesucht wird Herr Andy Mechalecha, Andy Mechalecha zum Informationsschalter, bitte!"* hören könne. Sie mußte darüber immer lachen und schlug deshalb vor, daß auch wir etwas Ähnlichen versuchen sollten, wenn wir uns zwischen zwei Flügen einsam fühlten.

Einer nach dem anderen erzählten wir, was wir auf Reisen beschwerlich fanden und auf welche Weise wir als Einzelpersonen zur Selbsthilfe griffen. Ein Problem, das wir offensichtlich nicht lösen konnten, war der mangelnde Kontakt zum Unternehmen, an dem wir bei der Reisetätigkeit litten. „Ich wünschte, Sie würden mich anrufen, wenn ich unterwegs bin", sagte Carol Ann Fried zu mir. „Dann lägen die Dinge ganz anders." Eine Reihe weiterer Personen verliehen ihrer Enttäuschung ebenfalls Ausdruck. „Wenn wir nur die Unterstützung und Nähe zu spüren bekämen, die wir hier, wo wir alle in der Gruppe vereint sind, haben", meinte Janlyn Neri. „Wenn man dieses Gefühl nur auf irgendeine Weise mit auf die Reise nehmen könnte! Wenn ich nur wüßte, wie ich Sie alle finden könnte, wenn ich Sie brauche!"

Alle waren sich darüber einig, daß die gegenseitige Erreichbarkeit die Welt in einem anderen Licht erscheinen ließe. Allerdings schien es für uns keine Möglichkeit zu geben, miteinander in Verbindung zu bleiben, während wir alle ständig unterwegs waren und kreuz und quer durch den Kontinent fuhren. Schließlich rückte Jordan Chouljian mit einem brillanten Vorschlag heraus. „Wir können ein eigenes *Voice-mail-System* einrichten! Damit könnten wir, während wir unterwegs sind, in Kontakt bleiben."

Das Thema *Voice-mail* beschwor eine nicht endenwollende Reihe von Monologen herauf, die alle in die gleiche Richtung zielten, jedoch paßten diese Monologe haarscharf zu unserer Unternehmenspersönlichkeit. Waren diese elektronischen Bande einmal geknüpft, so würden wir in der Lage sein, den Geist unserer Klausurtage mit hinaus „ins Feld" zu nehmen. Wann immer einer der *Playfair*-Trainer eine Idee hatte, die für uns alle von Wert sein könnte, könnte dieser die Information unmittelbar an die anderen weitergeben. Wann immer einer von uns über den an einem bestimmten Tag erzielten Erfolg berichten, eine Information einholen oder um moralische Unterstützung bitten wollte, war das gesamte Team nur einen Anruf weit entfernt.

Miles fliegt wieder

Einer von Miles' treuesten College-Kunden hatte seinen Sitz in einem abgelegenen Gebiet im Bundesstaat Pennsylvania. Die Leute dort waren von Miles so angetan, daß sie darauf bestanden, ihn als Vortragenden zu bekommen, ansonsten würden sie von dem ganzen Programm nichts wissen wollen. Um diesen Vortrag in Miles' hektischen Reise-Terminplan unterzubringen, mußte er dorthin fliegen, der nächstgelegene Flughafen wurde jedoch nur von kleinen Flugzeugen angeflogen. Widerstrebend gab Miles sein Einverständnis, den Flug zu nehmen. Als ich an jenem Tag meine *Voice-mail* abhörte, befand sich darunter eine dringende Nachricht von Miles: „Ich sitze gerade am Flughafen von Pittsburgh, und mein Flugzeug geht in einer halben Stunde. Es ist ein kleines Flugzeug, was mich ziemlich nervös macht. Aber ich werde fliegen. Ich werde in dieses Flugzeug steigen und hoffe, daß ich es schaffen werde. Bitte um moralische Unterstützung!" Miles hatte diese Nachricht an alle *Voice-mail*-Teilnehmer gesandt.

Ich spürte, wie sich mein Magen zusammenkrampfte. Nun war es wieder soweit. Miles benötigte meine Hilfe, und ich hatte nicht die Absicht, ihn im Stich zu lassen. *„Bitte mach, daß es ihm gutgeht"*, dachte ich bei mir. Seit Miles seine Nachricht gesendet hatte, war genau eine halbe Stunde vergangen. War er ins Flugzeug gestiegen? *„Bitte, laß ihn ins Flugzeug steigen."* War er überhaupt in der Lage das *Playfair*-Programm vorzutragen? *„Bitte mach, daß es ihm gutgeht."*

Das Kernstück des Voice-mail-Systems war Jane, die künstliche weibliche Computerstimme, die rund um die Uhr „im Dienst" war. Rasch drückte ich die Taste, die mich mit Miles' Mailbox verband, und Jane Voice-mail richtete mir eine Nachricht aus, die ich bis dahin noch nie gehört hatte und auch später nie wieder hören sollte, nämlich: „Diese Mailbox ist voll. Bitte rufen Sie später wieder an."

Langsam geriet ich in Panik. *Seine Mailbox war voll?* Da bat mich Miles nun um Hilfe, und ich konnte nicht für ihn dasein. Eine Welle herber Enttäuschung überrollte mich. Miles war in Schwierigkeiten, und das Voice-mail-System funktionierte nicht. Ich stellte mir bildlich vor, wie ihn die Panik erfaßte und er wieder in ein größeres Flugzeug in Richtung Heimat stieg. Ich konnte an nichts anderes mehr denken. *Und seine Mailbox war voll.*

Wieder wählte ich seine Nummer. Und wieder die gleiche Nachricht: „Diese Mailbox ist voll. Bitte rufen Sie später wieder an." Ich hielt es nicht mehr länger aus. Ich schlug mit der Faust an die Wand neben dem Münztelefon.

Dann, als es am schlimmsten um mich stand, ging mir plötzlich auf, daß ich völlig falsch lag. Als ich realisierte, was wirklich geschehen war, wich meine Enttäuschung schlagartig einem Gefühl der Erleichterung. Es stimmte absolut nicht, daß unser System zur moralischen Unterstützung nicht funktionierte, ganz und gar nicht.

Ich war mit meiner Nachricht zu Miles' Unterstützung einfach zu spät gekommen. *Seine Mailbox war deshalb voll, weil mir so viele andere Playfair-Mitarbeiter zuvorgekommen waren!* Alle hatten sie auf seinen Hilferuf reagiert, bevor ich noch Gelegenheit hatte, ihn zurückzurufen. *Seine Mailbox war voll, und zwar voller Zuspruch.* Miles hatte um Unterstützung gebeten und von der *Playfair*-Gemeinschaft eine solch überwältigende Fülle von Reaktionen bekommen, daß seine Mailbox sie gar nicht mehr aufnehmen konnte. Es kostete mich zwei weitere Tage, bis es mir tatsächlich gelang, zu Miles' Mailbox durchzukommen, denn er hatte, wie er mir später erzählte, sämtliche Nachrichten im Speicher belassen und sie sich immer wieder angehört, auch dann noch, als er bereits sicher an seinem Zielort angekommen war.

Das Team war gesund und lebendig und kümmerte sich um das eigene Wohlbefinden. Der *Elektronische Sangha* war geboren.

Der Mythos vom Unternehmenshelden

Die meisten Unternehmenskulturen hierzulande werden vom Mythos des Unternehmenshelden getragen: von jemandem, der, wenn Schwierigkeiten auftauchen, hart durchgreift und allein damit fertig wird; von jemandem, der in seinem Job superkompetent ist; von jemandem, der allzeit bereit ist, das Unternehmen mit links aus dem Morast zu ziehen. Jeder Manager, der nach diesem System vorgeht, verwendet neuen Mitarbeitern gegenüber dieselben wohlmeinenden Worte: „Sollten Sie einmal etwas von mir brauchen, meine Tür steht Ihnen immer offen." Und jeder neue Mitarbeiter versteht diese Worte in der gleichen Weise: *„Sollten Sie hier tatsächlich einmal mit einem Problem* *auftauchen, dann werde ich denken, daß Sie von Ihrem Job keine Ahnung haben!"*

Unser Unternehmen bildete diesbezüglich offenbar keine Ausnahme. Laut einer unausgesprochenen Regel unserer Unternehmenskultur bedeutete jeder Hilferuf ein Zeichen von Schwäche. Allerdings war im Laufe des darauffolgenden Jahres etwas Bedeutsames vorgefallen. Früher hatte Miles davor zurückgeschreckt, mich um Unterstützung zu bitten, hatte aber auch die anderen Mitglieder des Teams nicht um Hilfe gebeten – und rückblickend mußte ich zugeben, daß dies verständlich war. Für ihn bestand kein Grund zur Ansicht, es sei ungefährlich, seine Teamkameraden um Unterstützung zu bitten. Nichts in unserer Unternehmenskultur verschaffte ihm Anerkennung dafür, daß er sich verletzbar machte. Es gab keinen Präzedenzfall, anhand dessen er gesehen hätte, daß ein Hilferuf kein Zeichen von Schwäche ist.

Indem das Anliegen bei unserer Mitarbeiterklausur öffentlich zur Sprache gebracht wurde, entzogen wir dem Mythos des Unternehmenshelden jedoch seine Macht über uns. Einander um Hilfe zu bitten, war nun keine Schande mehr. Wir hatten ganz klar eine neue Regel in der Organisation aufgestellt: Von diesem Zeitpunkt an wurde es zur Ehrensache, jemanden um Unterstützung zu bitten. Wer der Hilfe bedurfte und sich deshalb an die anderen wandte, erhielt dafür mehr Anerkennung als dafür, ein Unternehmensheld zu sein.

Ein Team, das als Einheit funktioniert, kann wesentlich mehr bewirken als jede dem Team angehörende Einzelperson, mehr sogar als der Anführer des Teams. Ich habe mein Ziel als Teamführer immer darin gesehen, daß das Team ohne mich funktionieren können soll – was letztendlich jetzt eingetreten ist. Ohne die Unterstützung des Teams wäre Miles aus dem Unternehmen ausgeschieden. Ich selbst hätte absolut nichts dazu beitragen können, ihm den erforderlichen Rückhalt zu geben. Aber die Krise, die Miles durchgemacht hat, diente als Katalysator, um

die gesamte Organisation auf eine andere Ebene der gegenseitigen Unterstützung emporzuheben.

Diese neue Ebene der Unterstützung hätten wir ohne den
Spaß und das Spiel, welche dieser Bewegung vorausgegangen
waren, nicht erreichen können. Die Freude, die die Gruppe in
guten Zeiten gemeinsam erlebt hatte, bereitete uns darauf vor,
auch in harten Zeiten zusammenzuhalten. Die Nähe, die wir in
Stunden gemeinsamen Feierns aufgebaut hatten, schuf ein festes
Fundament dafür, daß wir einander in Krisenzeiten beistehen
können. Die Tatsache, daß wir miteinander so herzlich gelacht
hatten, ermöglichte es uns auch, miteinander zu weinen.

Daß eine Firma, der es gutgeht, eine Portion Lachen, Spaß
und Feierstimmung im Rahmen ihrer Unternehmenskultur ver-
tragen kann, ist leicht zu begreifen. Weniger leicht zu verstehen
ist der Stellenwert von Spaß und Feiern in schwierigeren Zeiten.
Allerdings erfüllen Lachen und Spiel gerade in schwierigen
Zeiten einen ganz besonderen Zweck. In einem Unternehmen,
dessen Management über Dinge wie Reengineering zu reden beginnt, denken die Mitarbeiter unverzüglich an Kündigungen, und
die Arbeitsmoral sinkt auf den Tiefpunkt. Wenn dann der Prozeß
des Gesundschrumpfens tatsächlich stattfindet, werden viele der
verbliebenen Arbeitskräfte an Schuldgefühlen leiden, da so viele
ihrer Freunde aus dem Unternehmen ausgeschieden sind. Gibt es
in einer so schwierigen Zeit überhaupt einen Grund zum Lachen,
einen Grund für Feiern und Spiel? Es gibt ihn. In solch schweren
Zeiten ist es noch viel wichtiger, sicherzustellen, daß Freude und
die Bereitschaft, zu feiern, ein Bestandteil unseres Arbeitsalltags
bleiben.

In schweren Zeiten gemeinsam über etwas zu lachen ist
nicht ein Zeichen mangelnden Respekts vor der Härte der Situation. Vielmehr kann dies einen ersten Ansatz in Richtung „Wund-
heilung" bedeuten. Gemeinsames Lachen und Spielen kann den
Wunsch nach Wiederaufbau eines auseinandergesprengten Teams
verstärken. Der bewußte Einsatz von Lachen und Spielen kann

für die noch verbliebenen Teammitglieder unter der Oberfläche schlummernde Ressourcen an positiven Gefühlen anzapfen und auffüllen. In einer Zeit tiefgreifender Reorganisation kann ein Schuß positiver Gefühle die Grundfeste bilden, auf der sich der Wiederaufbau des Unternehmens in Angriff nehmen läßt.

Ein Unternehmen kann nicht gleichzeitig der Vergangenheit nachtrauern und sich nach vorwärts in eine neugestaltete Zukunft bewegen. Gemeinsames Lachen und Spielen kann den verbliebenen Mitarbeitern die erfreulichen Seiten der gemeinsamen Arbeit in Erinnerung rufen und ihnen als Wegweiser zum Aufbau einer anderen Art von Zukunft dienen, was sicher besser ist, als in der Vergangenheit verwurzelt zu bleiben.

Ernste Zeiten erfordern nicht unbedingt todernstes Verhalten. Ernsthaftigkeit als Lebensstil wird in unserer Geschäftskultur stark überbewertet. *Das Leben verliert nicht an Ernst, wenn es mit Spaß und Spiel verbunden wird.* Ganz im Gegenteil, es wird dadurch bereichert. Es verläuft weniger stumpf, und die Menschen werden dadurch aufgeschlossener gegenüber Änderungen und Wachstum. Sie gewinnen an Lebenskraft.

Die Tatsache, daß sich die *Playfair*-Mitarbeiter bei der Bewältigung einer bis zu einem gewissen Grad schmerzlichen Situation ihren Sinn für Heiterkeit bewahrten, zeigte mir, daß wir unserer Grundeinstellung, daß gemeinsames Lachen einen Weg zur Genesung darstellt, treu geblieben waren. Die Art und Weise, wie das Team in der Krise reagiert hatte, erfüllte mich mit Stolz und dem festen Glauben, daß unsere gemeinsame Zukunft durch den Weg, den wir beschritten hatten, nun anders aussehen würde.

In den Jahren nach dieser geschichtsträchtigen Klausur entwickelte sich Miles zu einem der produktivsten Mitarbeiter des Unternehmens und bereiste das ganze Land, um überall *Playfair*-Workshops abzuhalten. Ferner übernahm er auch nach und nach mehr Verantwortung innerhalb der Organisation. Der junge, dynamische und vor Energie strotzende Anfänger wuchs allmählich in die Rolle des Mentors für viele der jüngeren Trainer in der Organisation hinein. Ich wußte, daß Miles ohne Unterstützung durch das Team nicht im Unternehmen verbleiben hätte können. Ich wußte auch, daß das Team ohne den vorher gemeinsam erlebten Spaß und die gemeinsamen Feiern nicht in der Lage gewesen wäre, Miles und auch mir die erforderliche Unterstützung zukommen zu lassen, die uns durch unsere Krise getragen hat. Die Dinge hatten sich geändert. Wir waren erwachsen geworden.

Die Lektionen, die das Team in fröhlichen Zeiten gelernt hatte, waren uns in schweren Zeiten zugute gekommen. Ich zweifelte keinen Augenblick daran, daß wir auch künftig schwierige Zeiten durchlaufen würden, vertraute aber voll darauf, daß wir gemeinsam, als Team, Wege zur Überwindung dieser schweren Zeiten finden würden, gleichgültig, wie diese auch aussehen mochten.

***

Jeder einzelne Mitarbeiter Ihres Unternehmens, ob er nun dem Management angehört oder nicht, kann dafür Sorge tragen, daß eine Unternehmenskultur entsteht, in der man sich zu keiner Zeit im Stich gelassen fühlt, in der man Tag für Tag Freude und den Sinn für Gemeinschaft am Arbeitsplatz verspüren kann. Ein ganz einfacher Weg, damit zu beginnen, wäre aus den folgenden Worten, die den Inspirationslehren des Bodhisattva Samantabhadra entnommen sind, abzuleiten: „Wir geloben, jemandem am Morgen eine Freude zu bereiten und am Nachmittag jemandes Leiden zu lindern. Wir wissen, daß uns das Glück anderer ganz bestimmt selbst zum Glück verhilft, und wir geloben, auf dem Irdischen Pfad Freude zu verbreiten. Wir wissen, daß jedes Wort, jeder Blick, jedes Lächeln jemanden anderen glücklich machen kann. Wir wissen, daß wir, wenn wir uns in der Hingabe üben, selbst zur unerschöpflichen Quelle des Friedens und der Freude für unsere Kunden, Klienten, Kollegen, Familienangehörigen und Freunde werden."

Ein Unternehmen, in dem man zusammen spielt, bleibt auch zusammen.

Danksagung

Ritch Davidson, Fran Solomon, Andy Mozenter und Jeff Randall waren zu Beginn dieses Projekts für mich da, versorgten mich mit wesentlichen Einblicken und Recherchen und unterstützten mich in jeder Hinsicht. Daß sie alle in diesem Buch vorkommen, ist kein Zufall, denn die Art und Weise, wie sie ihren Beruf leben, ist beispielgebend für die Grundsätze von Spaß am Arbeitsplatz. Ich bin dankbar dafür, daß ich Gelegenheit habe, mit ihnen zusammenzuarbeiten.

Sam Kaner, Dale Larsen und Carol Ann Fried haben jeweils in einem frühen Stadium das Manuskript gelesen. Ihre Kommentare und Beiträge empfand ich als äußerst nutzbringend, sie dienten mir als Denkanstoß.

Angela Miller von der Agentur Miller coachte mich und wies mir in verlegerischen Belangen hilfreich den richtigen Weg. Ich danke ihr für ihre Unterstützung, ihre Einfühlsamkeit, ihren Humor und ihre Großzügigkeit.

Luke Barber wird in vielen dieser Geschichten genannt; manchmal habe ich das Gefühl, man könnte ein ganzes Buch über seine Heldentaten schreiben. Einstweilen danke ich ihm aber erst einmal für seine Freundschaft und Zusammenarbeit. Eines Tages werden wir gemeinsam ein Buch schreiben.

Mein Dank gilt auch Ken Blanchard, der mich mit meiner Agentin Margret McBride zusammengeführt hat. Margret erkannte die Möglichkeiten dieses Buches sofort und half mir dabei, die richtigen Entscheidungen zu treffen.

Laureen Connelly Rowland von *Simon & Schuster* ist der Traum jedes Autors. Sie ist eine verständnisvolle Verlegerin, die ihren Job versteht und über ein hervorragendes Sprachgefühl verfügt. Die Zusammenarbeit mit ihr macht ungeheuren Spaß. Von Beginn an begeisterte sie sich für dieses Projekt und war mir eine unglaubliche Stütze in dem Termindruck vor Abgabe des Manuskripts. Durch ihre Arbeit an dem Buch hat dieses stark an Ausdruckskraft gewonnen.

Die *Playfair*-Trainer waren für mich eine unerschöpfliche Quelle des Vergnügens; wenn ich an sie denke, habe ich das Gefühl, daß ich den besten Job auf der ganzen Welt habe. Ich kann nur hoffen, daß ich dem Leser wenigstens in bescheidenen Ansätzen die Freude und die Bereicherung, die sie ausnahmslos alle in mein Leben bringen, vermitteln kann.

Meine Assistentin Charmaine Silverstein und deren Assistentin Monica Perez haben mir unschätzbare Dienste geleistet, indem sie sich um die Verarbeitung der Texte kümmerten, und das innerhalb der knappen Termine, die ich ihnen setzte. Diese knappen Termine sind eigentlich alles, was ich ihnen je gegeben habe.

Barbara Meyer, Linda Sherman und Lori Sanchez von *Admire Entertainment* kümmerten sich im Bereich Marketing und Vertrieb um die *Playfair*-Geschäfte. Während der Fertigstellung dieses Buches war ich ihnen keine große Hilfe. Ich weiß unsere tiefe Beziehung und die Freude an unserer Zusammenarbeit zu schätzen.

Unsere Katze Blanche wachte in den frühen Morgenstunden mit mir auf und folgte mir verschlafen in mein Arbeitszimmer, wo sie ihr allmorgendliches Ritual, nämlich auf meinen Schreibtisch zu springen und, während ich arbeitete, ausdauernd zu schnurren, pflegte. Blanche ist in diesem Buch leider dem Rotstift des Lektors zum Opfer gefallen, sie wird jedoch ganz bestimmt einmal in einem anderen Buch vorkommen.

Zu guter Letzt möchte ich erwähnen, daß mich meine Frau Geneen Roth immer wieder zum Schreiben dieses Buches ermutigt hat. Ihre eigenen wunderschönen Texte haben mich tief bewegt und inspiriert. Wenn es überhaupt möglich ist, treibende Kraft und Muse in einer Person zu sein, dann ist dies ihr gelungen.

Janelle Barlow / Claus Møller

Eine Beschwerde ist ein Geschenk

Der Kunde als Consultant

Vorwort von Sir Colin Marshall,
Vorstandsvorsitzender,
British Airways

manager edition
UEBERREUTER

ca. 280 Seiten, Leinen
mit Schutzumschlag
ISBN 3-7064-0239-4

Janelle Barlow ist Beraterin bei TMI, einem internationalen Management-Training- und Consulting-Unternehmen. Zu ihren Kunden zählen TMI-Klienten in den USA, in Europa und Asien.
Claus Møller ist Gründer und Vorsitzender des Training- und Consulting-Unternehmens TMI. Er arbeitet als Berater für zahlreiche Regierungen und Firmen und ist international tätiger Vortragender. Er ist Autor mehrerer Bestseller.

Kundenreklamationen sind eine Chance

Haben Sie sich, als Sie das letzte Mal mit einem Produkt oder einer Dienstleistung unzufrieden waren, beschwert? Haben Sie bei Ihrer letzten Reklamation das Gefühl gehabt, Ihr Gegenüber zeigt Verständnis und geht zuvorkommend auf Ihr Anliegen ein?

Beschwerden von Kunden sind eine Art Feedback-Mechanismus, der Unternehmen die Chance gibt, rasch und kostengünstig Produkte, Dienstleistungen sowie die Marktorientierung zu verändern und anzupassen. Unternehmen, die nicht imstande sind, Kundenbeschwerden als das einzuschätzen, was sie in Wahrheit sind und entsprechend darauf zu reagieren, büßen dies in Form negativer Mundpropaganda, die sie letztlich teuer zu stehen kommt.

Anhand zahlreicher Fallbeispiele aus der Praxis veranschaulichen die beiden Autoren, was mit schlechtem und was mit ausgezeichnetem Reklamationsmanagement gemeint ist: Wer auf treue Kunden Wert legt, betrachtet Beschwerden als Geschenk.

Ab Mitte Oktober
überall im Buchhandel

Hurra, *es ist* **Feierabend!**

Elwood N. Chapman

Vorbereitung auf den 3. Lebensabschnitt

Bestseller in den USA!

ca. 360 Seiten, Leinen
mit Schutzumschlag
ISBN 3-7064-0234-3

Elwood N. Chapman war nahezu 30 Jahre erfolgreich als Lehrer an einem College tätig, bevor er sich selbst zur Ruhe setzte. Er hat zahlreiche Bücher verfaßt, von denen bisher insgesamt mehr als eine Million Exemplare verkauft worden sind. „Hurra, es ist Feierabend!" ist in den USA mittlerweile zum erfolgreichsten Buch auf dem Gebiet der Pensionsplanung avanciert.

Der US-Bestseller zur Vorbereitung auf den Ruhestand

Dieses Buch wurde ganz im Hinblick auf den Leser konzipiert; es soll dabei helfen, den Ruhestand auf überlegte, logische und zugleich praktische Weise zu planen. Der Autor bietet eine Fülle praktischer Hilfestellungen, die es dem Leser ermöglichen, die angebotenen Informationen direkt auf seine persönliche Situation anzuwenden.

Zahlreiche konkrete Fallbeispiele regen zum Nachdenken an – und auch dazu, persönliche Überlegungen und Lösungsvorschläge mit denen des Verfassers zu vergleichen.

Somit dient dieses Werk als Handbuch für die Vorbereitung auf den Ruhestand sowie als Nachschlagewerk, das auch in der Pension wertvolle Hilfestellung leistet.

Ab Ende Oktober
überall im Buchhandel